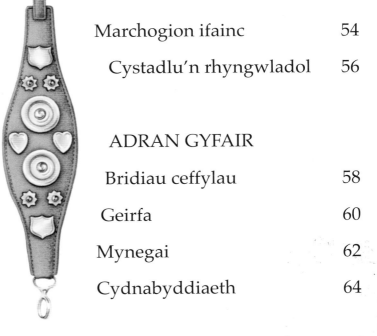

HANES CEFFYLAU

Mae stori'r ceffyl yn dechrau ymhell, bell yn ôl, filiynau o flynyddoedd cyn bod pobl ar y ddaear. Mae'n stori gyffrous ac anturus ac ar y dechrau roedd yn rhaid i'r ceffylau frwydro i fyw.

Ceffylau gwyllt

Ychydig iawn o geffylau gwyllt go iawn sydd ar ôl heddiw. Mae'r rhan fwyaf yn geffylau oedd yn arfer bod yn ddof fel mustang Gogledd America a brumbi Awstralia. Llwyddon nhw i ddianc a bridio yn y gwyllt.

Mae merlod Camargue yn ne Ffrainc yn crwydro'n wyllt, ond mae pobl yn berchen arnyn nhw.

▼ Dros filiynau o flynyddoedd, newidiodd y ceffyl wrth i'r amgylchedd a'r hinsawdd newid yn araf. Ond, pobl sydd wedi dylanwadu fwyaf ar hanes y ceffyl, ers iddyn nhw ddechrau dofi, defnyddio a bridio ceffylau tua 3,500 o flynyddoedd yn ôl.

Rydyn ni'n dal i fethu ateb rhai cwestiynau am sut esblygodd ceffylau. Ond, drwy ddefnyddio ffosiliau a thystiolaeth wyddonol, mae arbenigwyr wedi creu darlun diddorol o'r ffordd ymledodd ceffylau cynnar dros y byd a datblygu fel bod ceffylau o bob lliw a llun gyda ni heddiw.

Wrth i hinsawdd y Byd newid, roedd rhywogaethau o anifeiliaid yn ymddangos a diflannu. Dim ond y cryfaf a'r rhai oedd yn gallu newid oedd yn goroesi. Erbyn i bobl ddechrau dofi a marchogaeth ceffylau, roedden nhw'n rhai o'r anifeiliaid cryfaf a'r mwyaf dawnus.

Sut esblygodd ceffylau

Y ceffyl cyntaf oedd *Hyracotherium*, neu *Eohippus* (Ceffyl y wawr). Roedd tua maint llwynog (25cm o uchder) ac roedd pedwar bys i bob troed.

Hyracotherium
(55-40 miliwn o flynyddoedd yn ôl)

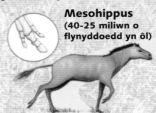

Mesohippus
(40-25 miliwn o flynyddoedd yn ôl)

Roedd *Mesohippus* a *Merychippus* yn fwy na'r *Eohippus*. Roedd eu coesau'n hirach ac roedd tri bys i bob troed yn lle pedwar.

Yn raddol, daeth gwastadeddau o borfa yn lle'r fforestydd trwchus a gwlyb. Roedd yn rhaid i'r ceffylau cynnar newid neu bydden nhw'n diflannu.

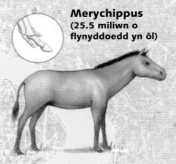

Merychippus
(25.5 miliwn o flynyddoedd yn ôl)

Pliohippus
(5.2 filiwn o flynyddoedd yn ôl)

Roedd gan Pliohippus ddannedd mawr gwastad i falu porfa. Hefyd, roedd ganddo goesau hirach a chryfach gyda charnau.

Erbyn diwedd yr Oes Iâ ddiwethaf, roedd miliynau o geffylau gwyllt tebyg i rai heddiw yn crwydro Ewrop ac Asia – *Equus caballus*

Equus caballus
(1.5 miliwn o flynyddoedd yn ôl)

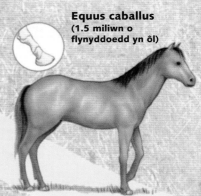

Teulu'r ceffyl

Mae pob anifail sydd â choesau a charn un bys yn rhan o deulu'r ceffyl – y genws (grŵp) rydyn ni'n ei alw'n Equus. Felly mae'n hawdd adnabod perthnasau'r ceffyl, sy'n cynnwys sebras, asynnod a mulod. Ond sut ddatblygodd ceffylau mor wahanol i'w gilydd â'r Shetland a'r Shire, yr Arab a'r asyn os daethon nhw i gyd o'r un ceffyl cynnar?

Mustangs mawreddog

O America ddaeth y ceffylau cyntaf, ond am ryw reswm diflannon nhw oddi yno cyn yr Oes Iâ ddiwethaf. Ddychwelodd ceffylau ddim i gyfandir America tan i'r Sbaenwyr ddod â'u ceffylau nhw i'r Byd Newydd. Dihangodd rhai ceffylau neu cawson nhw eu dwyn gan yr Americaniaid brodorol. Datblygodd ceffylau mustang (1) o'r rhain.

Asynnod, sebras a mulod

Datblygodd asynnod, sebras a mulod o'r ceffylau cynharaf a mwyaf cyntefig a grwydrodd draw o America filiynau o flynyddoedd yn ôl.

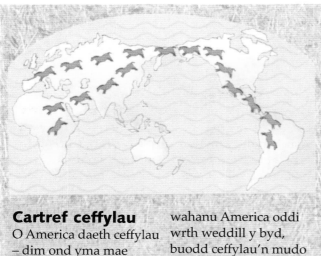

GOGLEDD AMERICA

DE AMERICA

Mae'r mul dof (8) yn ddisgynnydd o asyn Affrica.

ALLWEDD
1 Mustang
2 Merlen Camargue
3 Brumbi
4 Asyn gwyllt Affrica
5 Asyn gwyllt Tibet (kiang)
6 Asyn gwyllt India (onager)
7 Sebra cyffredin
8 Mul dof
9 Ceffyl Przewalski
10 Shire
11 Arab
12 Akhal-Teke
13 Merlen Exmoor
14 Merlen Shetland
15 Falabella

Erbyn hyn mae dros 200 brîd o geffylau a merlod. Y lleiaf yw'r *Falabella* (16), o'r Ariannin yn wreiddiol. Dim ond 80cm o daldra yw e.

Cartref ceffylau

O America daeth ceffylau – dim ond yma mae ffosiliau *Eohippus*. Dros filiynau o flynyddoedd, cyn i'r Oes Iâ ddiwethaf wahanu America oddi wrth weddill y byd, buodd ceffylau'n mudo ar draws sarnau o dir i Asia a draw i Affrica ac Ewrop.

Dechreuodd yr anifeiliaid hyn symud pan oedd yr hinsawdd yn dal yn drofannol. Wrth iddi oeri, crwydron nhw i'r de i'r Dwyrain Canol, Asia ac Affrica. Heddiw mae tair rhywogaeth o asyn gwyllt - asyn Affrica (4), y kiang (5) ac asyn gwyllt India (onager) (6) - ac mae tri math o sebra - y sebra cyffredin (7), sebra Grevy a sebra'r mynydd.

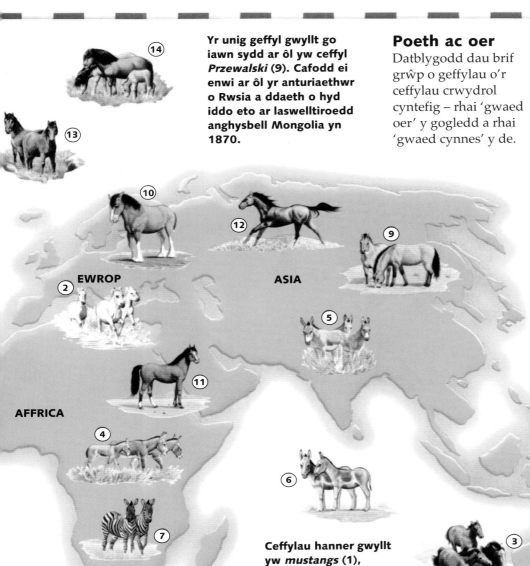

Yr unig geffyl gwyllt go iawn sydd ar ôl yw ceffyl *Przewalski* (9). Cafodd ei enwi ar ôl yr anturiaethwr o Rwsia a ddaeth o hyd iddo eto ar laswelltiroedd anghysbell Mongolia yn 1870.

EWROP

ASIA

AFFRICA

Ceffylau hanner gwyllt yw *mustangs* (1), merlod Camargue (2) a *brumbis* (3).

AWSTRALIA

Poeth ac oer

Datblygodd dau brif grŵp o geffylau o'r ceffylau crwydrol cyntefig – rhai 'gwaed oer' y gogledd a rhai 'gwaed cynnes' y de.

Ceffylau trwm

Mae'r Shire (10) enfawr yn un o'r ceffylau gwaed oer. Mae'n disgyn o'r ceffylau a grwydrodd i gorstiroedd a choedwigoedd oer gogledd Ewrop ar ôl yr Oes Iâ ddiwethaf. Doedd dim llawer o elynion naturiol i ddianc rhagddyn nhw, felly tyfodd y ceffylau'n dal, yn drwm ac yn araf. Doedd yr oerfel ddim yn effeithio cymaint ar y ceffylau mawr hyn. Roedd rhagor o esgyrn yn yr asgwrn cefn i roi mwy o le i'r organau treulio bwyd. Roedd traed enfawr yn rhannu pwysau'r ceffyl ar y tir meddal ac roedd bacsiau blewog yn cadw'r coesau'n gynnes.

Beth sy'n gwneud mul?

Mae modd bridio asynnod a cheffylau â'i gilydd i greu anifeiliaid newydd fel y mul (o farch asyn a chaseg ceffyl) a'r bastard mul (*hinny*) (o gaseg asyn a march ceffyl). Mae'r mulod yn gryf a chadarn iawn ond maen nhw'n anffrwythlon ac felly'n methu cael ebolion eu hunain.

Grym y ceffyl

Lledodd ceffylau llai o faint ar draws Ewrop ac Asia hefyd – y merlod. Gallent fyw mewn pob math o amgylchiadau caled. Mae gan fridiau brodorol Prydain, fel merlod *Exmoor* (13), *Shetland* (14) a'r Merlod Mynydd Cymreig gôt drwchus a mwng a chynffonnau hir i'w helpu i fyw yn yr oerfel.

Ceffylau ysgafn

Ceffyl gwaed poeth yw'r Arab (11), y brîd ceffylau hynaf a phuraf. Tyfodd ceffylau Arab yn fain ac ysgafn, gyda phennau bach. Gallent anadlu'r awyr boeth, lychlyd ac roedd eu blew mân yn help i ymdopi â gwres yr anialwch. Mae'r *Akhal-Teke* (12) o Asia yn frîd tebyg.

Perygl!

Dysgodd ceffylau sut i oroesi drwy esblygiad, ymhell cyn i bobl ddod i'r byd. Roedd rhaid osgoi bod yn bryd o fwyd i anifail arall. Felly, roedd rhaid i bob ceffyl wylio rhag perygl drwy'r amser. Roedden nhw'n barod i ddianc cyn gynted â phosibl, neu droi ac ymladd os oedd raid.

▼ Ar laswelltiroedd agored Affrica, gall llew llwglyd ddal sebras yn hawdd.

Synnwyr ceffylau

Mae pawb yn gwybod un rheol am geffylau – peidiwch â sefyll y tu ôl i geffyl neu gallech gael eich cicio! Nid oherwydd bod tymer ddrwg ar bob ceffyl. Mae'n hawdd anghofio mai anifeiliaid gwyllt yw ceffylau yn y bôn er eu bod nhw wedi'u dofi. Mae greddfau'r mustang gwyllt gan bron pob ceffyl a merlen.

Ymladd neu ffoi?

Mae ceffylau yn teimlo ofn, fel pob anifail sy'n cael ei hela. Os bydd ceffyl yn teimlo o dan fygythiad, bydd yn ymateb: naill ai drwy ymladd neu ffoi. Oherwydd y gall redeg yn gyflym, greddf gyntaf ceffyl yw dianc rhag y perygl. Ond, os bydd rhaid wynebu'r ymosodwr, gall gicio a chnoi i'w amddiffyn ei hun. Mae taflu hefyd yn ffordd o'i amddiffyn ei hun. Dyna pam gall ceffyl ifanc daflu pan fydd cyfrwy'n cael ei roi ar ei gefn am y tro cyntaf.

Pwy yw'r bòs?

Ychydig iawn o ymladd sy'n digwydd rhwng ceffylau, hyd yn oed yn y gwyllt. Mae cyd-fyw'n dawel yn bwysig i geffylau. Ond gall march ymladd yn erbyn march arall sy'n ei wrthwynebu. Mewn cae, mae 'trefn bigo' gan geffylau a merlod, ac maen nhw'n cnoi a chicio er mwyn dangos pwy yw'r bòs.

Mae'n cymryd amser i ddod yn ffrind i ferlen a'i dysgu i ymddiried ynoch chi. Rhaid dysgu a deall pam mae'n ymddwyn mewn ffordd arbennig. Mae merlod yn wyliadwrus ac mae'n hawdd eu dychryn drwy symud yn gyflym: roedd iddyn nhw ymateb i ymosodiad sydyn. Felly, byddwch yn bwyllog gyda merlen, gan siarad a rhedeg eich llaw'n gadarn dros ei chorff fel ei bod yn gwybod lle rydych chi.

Gwastrodi

Mae ceffylau'n cyffwrdd â'i gilydd i gyfathrebu. Maen nhw'n aml yn gwastrodi ei gilydd drwy gnoi'n fân ar yddfau a chefnau ei gilydd.

▶ Mae ceffylau'n defnyddio iaith y corff a mynegiant wyneb arbennig. Os gwyliwch chi'n ofalus, fyddwch chi ddim yn hir yn dysgu am beth mae ceffyl neu ferlen yn meddwl a theimlo.

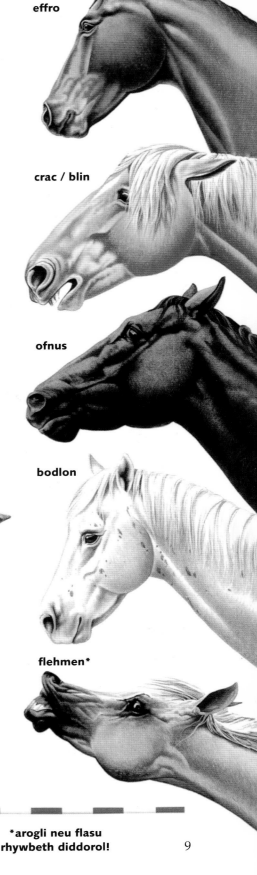

effro

crac / blin

ofnus

bodlon

flehmen*

*arogli neu flasu rhywbeth diddorol!

9

Corff ceffyl

Cydffurfiad yw'r gair am siâp a golwg ceffyl neu ferlen. Mae pobl yn edrych ar y siâp hwn er mwyn gallu disgrifio ceffylau. Nodweddion yw'r gair am rannau corff ceffyl. Mae'n ddefnyddiol dysgu adnabod y nodweddion hyn gan y byddwch yn clywed sôn amdanyn nhw gan y milfeddyg neu'r ysgol farchogaeth.

Beth sy'n gwneud ceffyl da?

Edrychwch ar ferlod mewn cae neu yn eich ysgol farchogaeth. Dim ond rhai sydd â chydffurfiad perffaith. Gall ceffyl fod â chydffurfiad gwael, achos nad yw'n ddeniadol. Gall fod yn anghymesur, er enghraifft, gyda phen rhy fawr. Weithiau mae cydffurfiad gwael yn dangos gwendid corfforol, sy'nrhywbeth mwy difrifol.

Gwegil · Crib · Mwng · Gwar · Rhan uchaf yr Ysgwydd

Mwng Talcen, Topyn, Cudyn

Llygad

Ffroen · Boch

Clustiau

Trwyn

Ysgwydd

Pen-glin · Clun · Tor

Brest

Gwäell y goes

Carn

Cyhyrau cryf

Daw'r llun anhygoel hwn o gyhyrau ceffyl o *The Anatomy of the Horse* gan George Stubbs (1724-1806). Stubbs oedd yr arlunydd cyntaf i astudio corff ceffyl yn fanwl. O ganlyniad, roedd ei ddarluniau'n realistig iawn.

Sawl dyrnfedd?

Byddwn yn mesur ceffyl â mesur 'llaw' / 'dyrnfedd' o'r llawr i ran uchaf ei ysgwydd. Mae llaw/dyrnfedd yn mesur lled dwrn dyn, sef 10.2cm (neu bedair modfedd). Ond byddwn yn mesur merlod Shetland a cheffylau bach mewn modfeddi.

◄ Merlen yw ceffyl bach 14.2 llaw neu lai.

Sgerbwd

Mae sgerbwd ceffyl yn dangos pa frid yw e. Er enghraifft, bydd esgyrn trwchus, trwm gan geffyl cert i gynnal y pwysau ond bydd esgyrn hir, main gan geffyl rasio.

Cefn   **Lwynau**   **Crwper**   **Cloren**

Cynffon

Pedreiniau

Ystlys

Clun

Gar

Egwyd

Corn Egwyd

Meilwng

Ffrâm y corff

Mae sgerbwd ceffyl yn edrych yn wahanol iawn i sgerbwd person ar yr olwg gyntaf. Ond edrychwch yn ofalus – efallai ein bod ni'n debyg wedi'r cyfan!

PERSON	CEFFYL
1. bys ac ewinedd troed	1. carn
2. arddwrn	2. pen-glin
3. penelin	3. penelin
4. sawdl	4. sawdl
5. pen-glin	5. padell y ben-glin

Mae ceffylau a merlod o bob lliw a llun i'w cael. Yn y bôn, mae pob ceffyl yn debyg, er bod nodweddion arbennig i bob brid. Mae ceffylau wedi bod yn byw gyda phobl ers miloedd o flynyddoedd ond maen nhw'n dal yn gallu carlamu'n gyflym er mwyn dianc rhag cael eu llarpio ac yn gryf er mwyn symud gyda cheffylau eraill.

Cerdded

Symudiadau ceffylau

Mae ceffylau'n gallu symud mewn sawl ffordd gan gyflymu neu arafu heb golli cydbwysedd. Dim ond dwy ffordd o symud sydd gyda ni – cerdded neu redeg. Gyda'n dwy goes ni, rhown ein traed i lawr yn yr un drefn, ond yn gyflymach neu'n arafach. Mae dwywaith cymaint o goesau gan geffylau, felly mae gyda nhw mwy o symudiadau.

Cerdded

Dyma'r symudiad arafaf. Mae'r carnau i'w clywed yn taro'r ddaear yn y drefn 'un-dau-tri-pedwar'. Mae'r ceffyl yn dechrau gydag un goes ôl, yna'r goes flaen ar yr un ochr, yna'r goes ôl ar yr ochr gyferbyn, yna'r goes flaen honno. Mae dwy droed ar y ddaear bob amser.

Trotian

Dyma symudiad mwyaf naturiol y ceffyl lle mae'n symud o un pâr o goesau croeslin i'r llall, gyda symudiad yn y canol lle mae pob un o'r pedair coes oddi ar y ddaear. ③

Neidio

Er nad yw ceffylau'n gorfod neidio dros rwystrau'n aml yn y gwyllt, mae neidio'n symudiad naturiol oherwydd ei fod yn debyg i gamu'n fras wrth drotian.

④

Mae pum rhan i naid:
(1) Dynesu – mae'r ceffyl yn arafu ac yn plygu ei ben i gael gweld y naid.

(2) Codi – mae'n codi ei ysgwyddau a'i goesau blaen.

Hanner carlamu

Trotian

Hanner carlamu

Mae tri churiad gwahanol wrth hanner carlamu. Yn gyntaf un droed ôl, yna'r droed ôl arall gyda'r droed flaen gyferbyn, yna'r droed flaen arall yn taro allan ar ei phen ei hun ('y goes flaen') ac yn olaf eiliad o ddistawrwydd pan fydd pob un o'r pedair troed oddi ar y ddaear.

Carlamu

Dyma'r symudiad cyflymaf a mwyaf cyffrous. Mae carlamu'n debyg i hanner carlam, ond gyda mwy o gyflymdra a chamau hirach. Wrth garlamu, mae coesau ôl y ceffyl yn ei wthio ymlaen yn gryfach. Gall ceffylau rasio garlamu ar gyflymdra o hyd at 72 km yr awr!

Mae ceffyl yn symud yn naturiol mewn pedair ffordd – cerdded, trotian, hanner carlamu a charlamu – ac mae patrwm gwahanol i guriad y carnau. Mae rhai ceffylau'n symud mewn ffordd arbennig. Maen nhw wedi cael eu hyfforddi i wneud hyn neu mae'r symudiad yn dod yn naturiol i'r brîd.

(3) Hedfan – mae'r ceffyl yn crymu ei gefn ac yn ymestyn i fynd dros y ffens.

(4) Glanio – mae'r coesau blaen yn sythu, yna'n glanio. Wrth i'r coesau cefn lanio,

mae'r ceffyl yn codi ei goesau blaen, ac yn camu i ffwrdd.

Carlamu

Lliwiau a marciau

Mae cymaint o wahanol liwiau a marciau fel bod pob ceffyl a merlen yn hollol unigryw. Defnyddiol iawn pan fydd rhaid adnabod neu ddisgrifio un ceffyl arbennig. Ond pam fod cynifer o liwiau? Rhaid mynd 'nôl i edrych ar geffylau'r gorffennol i gael yr ateb.

Llygad brith

Bali wen

▲ Llygaid brown tywyll sydd gan geffylau fel arfer, ond weithiau fe welwch lygad brith – llygad gwyn neu lygad glaswyn.

Socsen/bacsen

Meilwng

14

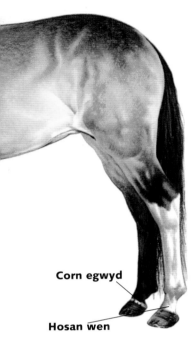

▼ ▶ Mae darnau o flew gwyn yn aml ar y pen a'r coesau isaf. Ceffyl unlliw yw ceffyl heb unrhyw ddarnau o liw arall.

Corn egwyd

Hosan wen

▲ Mae lliwiau ar goesau'n cael eu disgrifio yn ôl y rhan o'r goes, fel egwyd wen, neu facsen wen.

Wyneb gwyn

Stribed

Seren

Smotyn

Cymysgu lliwiau

Sut mae ceffylau melyn neu winau yn cael eu lliw? Mae lliw pob blewyn unigol yn y gôt yn bwysig. Mae gan bob blewyn bigment (lliw) neu ddim. Mae blew heb bigment yn wyn. Mae rhai â phigment yn goch neu ddu. Mae'r holl liwiau sydd gan geffylau'n dod o'r cymysgedd o wyn, coch a du yn y gôt, ac arlliw'r blew coch.

Dros y canrifoedd, daeth cotiau ceffyl yn guddliw fel eu bod yn edrych yn debyg i'r tir o'u hamgylch – tywod, creigiau, llwyni neu'r glaswelltiroedd – ac yn debyg i weddill y ceffylau. Os nad oedd eu gelynion yn gallu eu gweld, yn enwedig ar adeg beryglus y cyfnos, roedd mwy o obaith iddyn nhw oroesi.

ALLWEDD
1 Ceffyl melyn– cymysgedd o goch a du
2 *Appaloosa* – smotiau tywyll ar gôt wen
3 Ceffyl llwyd smotiog – smotiau o ddu neu frown ar wyn
4 *Palomino* – ceffyl *palomino* golau gyda mwng a chynffon gwyn
5 Ceffyl du – du i gyd
6 Ceffyl lliw llaeth a chwrw – brown tywodliw gyda mwng a chynffon du
7 Ceffyl brith/du a gwyn – darnau mawr o flew du a gwyn
8 Ceffyl gwinau – browngoch gyda mwng a chynffon du
9 Ceffyl brithlas – smotiau mân du a gwyn
10 Ceffyl brown – coch tywyll a du
11 Ceffyl brogau/broc – blew gwyn ynghanol rhai melyn

Peintio ceffylau

Mae pobl wastad wedi hoffi ceffylau o rai lliwiau arbennig. Er enghraifft, roedd yr Americanwyr Brodorol yn hoffi ceffylau â marciau brith neu goch a gwyn dramatig. Hefyd, bydden nhw'n peintio marciau arbennig ar eu ceffylau cyn mynd ar eu cefnau i ymladd, er mwyn dod â lwc dda.

▼ Mae'r darlun hwn gan 'Amos Bad Heart Bull', Sioux Oglala o Diriogaeth Frodorol Pine Ridge, yn dangos Crazy Horse a Sitting Bull ar gefn ceffylau adeg brwydr Little Bighorn yn 1876.

1 Buarth taclus
Edrychwch am fuarth ac ystafell harneisiau taclus, gyda stablau glân mewn cyflwr da a digon o le ynddynt.

2 Ceffylau hapus
Gwnewch yn siŵr fod y merlod yn edrych yn fodlon, wedi'u bwydo'n dda ac yn effro. Edrychwch i weld a yw eu traed mewn cyflwr da ac nad oes unrhyw friwiau ar eu cyrff.

3 Tomen dail
Dylai'r domen dail fod yn daclus ac ar wahân i'r stablau, a rhaid ei thacluso'n gyson.

5 Diogelwch
Rhaid cadw cyfarpar yn ofalus a rhaid bod offer Cymorth Cyntaf a diffodd tân wrth law. Does dim hawl ysmygu ar fuarth stablau.

4 Croeso cynnes
Bydd staff cwrtais a siriol mewn ysgol dda, a phawb yn barod i'ch helpu.

MYND I FARCHOGAETH

6 Dillad addas

Dylai pawb ar gefn ceffyl fod yn gwisgo helmedau. Bydd gan ysgol dda helmedau y gallwch chi eu benthyg neu'u llogi.

7 Gwersi

Gwnewch yn siŵr nad oes mwy na chwe marchog mewn grŵp fel eich bod yn cael digon o help a lle.

8 O dan do

Oes ardal o dan do gan yr ysgol? Gall hyn fod yn ddefnyddiol adeg tywydd gwlyb ac oer.

Mewn ysgol farchogaeth y bydd y rhan fwyaf o bobl yn gweld ceffylau a merlod yn agos am y tro cyntaf. Gall ysgolion fod yn fawr a phrysur, neu'n fach gydag ychydig ferlod yn unig. Beth bynnag yw maint yr ysgol, mae'n bwysig dewis ysgol farchogaeth dda er mwyn dysgu marchogaeth yn iawn. Bydd gan ysgol dda geffylau sy'n addas i ddechreuwyr a hyfforddwyr cymwys fel bod dysgu marchogaeth yn hwyl ac yn ddiogel i chi.

Penffust

Yn y llun mae'r farchoges ifanc yn cael gwers ar y penffust. Mae'r hyfforddwr yn rheoli'r ceffyl gan ddefnyddio ffrwyn hir o'r enw penffust. Mae hyn yn golygu y gall y farchoges ganolbwyntio ar ei safle a'i chydbwysedd. Mae'r gwersi hyn yn ffordd dda o fagu hyder.

Gofynnwch i arbenigwyr ceffylau lleol, fel milfeddyg, cyfrwywr neu ysgrifennydd y 'Pony Club', pa ysgol farchogaeth bydden nhw'n ei hargymell. Byddwch yn siŵr o gael safon uchel wedyn. Ar ôl i chi ddod o hyd i'r ysgol gywir, trefnwch wers – pob hwyl wrth farchogaeth!

17

1 Dillad bob dydd

I farchogaeth bob dydd gallwch wisgo helmed fel joci. Mae gorchudd sidan dros yr un sydd yn y llun. Dewiswch siwmper lac gyda llewys hir hyd yn oed os yw'n braf. Gwisgwch yn gynnes pan fydd hi'n oer a gwisgwch ddillad diddos os yw hi'n wlyb.

2 Gymkhana

I gymryd rhan mewn *gymkhana* neu sioe fach, bydd angen cap corun gyda gorchudd melfed tywyll, crys gwyn neu olau gyda thei clwb neu un plaen tywyll, siaced frethyn farchogaeth a chlôs pen-glin golau.

Dillad marchogaeth

Pan fyddwch chi'n marchogaeth, rhaid gwisgo dillad sy'n ddiogel, cyfforddus ac ymarferol. Os ewch chi i sioe neu achlysur arbennig arall, rhaid i chi gael y dillad cywir. Ond wrth ddechrau marchogaeth, does dim rhaid cael llawer o ddillad drud. Y peth pwysicaf yw esgidiau call gyda sawdl isel, a het farchogaeth sy'n ffitio'n dda ac yn cyrraedd y safonau diogelwch diweddaraf.

Menig

Fydd dwylo oer ddim yn gweithio'n dda ac mae rhai chwyslyd yn llithro ar yr awenau. Felly gwisgwch fenig bob amser – rhai gwlân yn y gaeaf, rhai cotwm tenau yn yr haf a rhai lledr mewn sioeau.

Clôs pen-glin

Dyma'r math mwyaf cyfforddus o drowsus wedi'u gwneud o ddefnydd sy'n ymestyn gyda phanelau y tu ôl i'r pengliniau rhag i'r cyfrwy rwbio gormod, ond bydd trowser llac neu jîns yn gwneud y tro ar y dechrau.

Esgidiau

Mae bŵts byr gyda sawdl isel yn ddelfrydol i farchogion ifainc. Gall bŵts hir fod yn rhai lledr neu rwber, ond rhaid iddynt ffitio'n dynn am eich coesau.

④ **Amddiffynnydd i'r corff**

Cap corun

3 Mewn sioe

Mae angen dillad ychydig yn wahanol i fynd i sioe fwy. Cap corun gyda gorchudd melfed tywyll neu het galed â phigyn. Yna siaced ddu neu las tywyll, clôs pen-glin a bŵts hir.

4 Traws gwlad

Mae diogelwch yn bwysig wrth farchogaeth traws gwlad. Rhaid i'r hetiau fod yn gapiau corun o'r safon uchaf a rhaid cael amddiffynnydd i'r corff. Mae'r padin yn ffitio o dan siwmper neu drosti ac weithiau mae darnau i fynd dros yr ysgwyddau.

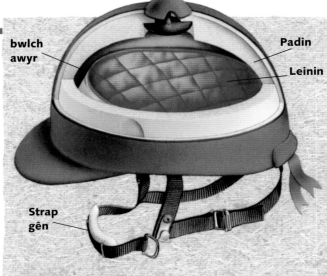

bwlch awyr

Padin

Leinin

Strap gên

Dewis het*

Rhaid i'ch het galed neu helmed ddamwain:

● fod â phadin trwchus drosti y tu mewn.
● ffod yn gyfforddus ond heb fod yn dynn.
● ffod yn wastad ar eich pen.
● ffod â lle i ddau fys fynd oddi tani yn y cefn.

● ffod yn mynd dros eich arleisiau, eich talcen a chefn eich pen.
● faros yn ei lle pan fyddwch yn plygu, hyd yn oed ar ôl datod y strap gên.

Wrth wisgo eich het, cofiwch fod rhaid cau'r strap gên yn dynn.

Yn y gorffennol, doedd dillad marchogaeth ddim yn ddiogel nac yn gall. Dychmygwch garlamu dros gaeau a chloddiau'n gwisgo dillad fel y ddynes o'r 18fed ganrif yn y llun! Yn y 1700au a'r 1800au, roedd menywod cyfoethog yn eistedd ar gyfrwy untu – roedden nhw'n marchogaeth wysg eu hochr gydag un goes wedi'i bachu dros gyfrwy arbennig, fel bod y ddwy goes ar un ochr i'r ceffyl. Weithiau bydden nhw'n gwisgo het gyda fêl a sgert hir, drom.

Eistedd fel Ladi

Mae rhai marchogesau dewr yn dal i farchogaeth wysg eu hochr, ac mae dosbarthiadau ar gyfrwy untu'n boblogaidd mewn sioeau hyd heddiw.

▶ Dillad marchogaeth o ddiwedd y 1700au.

*Ym Mhrydain, edrychwch am label barcud BSI i wneud yn siŵr fod het yn ddiogel. EN1384 a PAS 15 yw'r rhifau i chwilio amdanyn nhw.

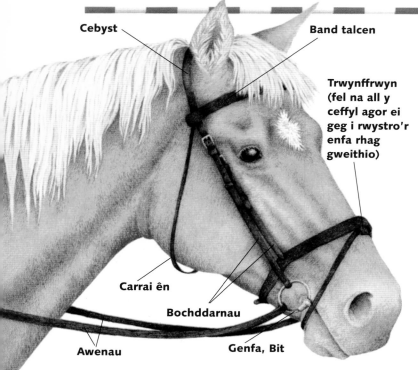

Cebyst

Band talcen

Trwynffrwyn
(fel na all y ceffyl agor ei geg i rwystro'r enfa rhag gweithio)

Carrai ên

Bochddarnau

Awenau

Genfa, Bit

Ffrwyn a genfa

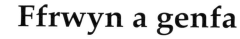

Tac, harneisiau neu gyfrwyau yw'r enw ar yr holl offer mae ceffyl neu ferlen yn eu gwisgo wrth farchogaeth. Mae llawer o wahanol ddarnau a defnydd arbennig i bob un. Ond bydd pob ceffyl yn gwisgo cyfrwy a ffrwyn o ledr. Rhaid iddyn nhw ffitio'n dda er mwyn bod yn gyfforddus ac effeithiol.

Beth yw ffrwyn? Wel, set o strapiau sy'n ffitio o gwmpas pen y ceffyl ac yn dal yr enfa yn y geg. Mae'r awenau'n cael eu rhoi wrth yr enfa a dyma sut mae cyfathrebu â'r ceffyl.

Genfâu o bob math

Mae sawl math o enfa a phob un yn gweithio mewn ffordd wahanol. Genfa gyffredin fydd gan geffylau tawel. Efallai bydd angen genfa gyda chadwyn ffrwyno, fel *Pelham* ar geffylau cryfach. Bydd marchogion medrus yn defnyddio ffrwyn ddwbl i gadw ceffylau dan reolaeth dynn.

▲ Genfa gyffredin – bar syth, gyda chymal sengl neu ddwbl yn y canol.

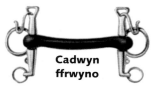

Cadwyn ffrwyno

▲ Pelham – fel arfer mae lle i ddwy awen, neu un os clymir yr awen mewn dau fan.

▲ Dwbl – mae dwy enfa, ffrwyn enfaog denau ac un ffrwyno. Mae awen i bob genfa a dim ond un awen sy'n cael ei defnyddio ar y tro.

Ffrwyn *Pelham*

Ffrwyn ddwbl

Trwyndres

Rounding

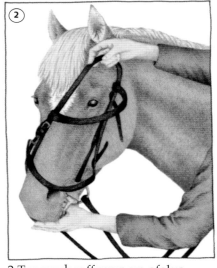

Gwisgo ffrwyn

1 Gan wynebu pen y ceffyl, sefwch yn agos i'w ochr chwith a rhoi'r awenau dros ei ben. Daliwch y ffrwyn fel bod yr enfa o flaen y geg a rhowch yr enfa yn y geg â'ch llaw chwith. Efallai bydd rhaid i chi lithro eich bawd i ochr cig y dannedd lle nad oes dannedd i gael y ceffyl i agor ei geg.

2 Tynnwch y ffrwyn yn ofalus dros y clustiau, fesul un. Yna tynnwch y mwng talcen (topyn neu gudyn) allan a thacluso'r mwng. Gwnewch yn siŵr fod yr enfa ar yr uchder iawn. Dylai wneud i wefusau'r ceffyl grychu ychydig fel ei fod yn edrych fel petai'n gwenu. Ddylai'r enfa ddim bod yn rhy uchel a thynn neu'n rhy isel a llipa. Defnyddiwch fochddarnau'r ffrwyn i newid uchder yr enfa.

3 Cysylltwch y garrai ên, a gwneud yn siŵr y bydd pedwar bys yn ffitio'n rhwydd rhwng y lledr a boch y ceffyl. Gwnewch yn siŵr fod y trwynffrwyn yn gorwedd o dan y bochddarnau. Dylai fod yn wastad, hanner ffordd rhwng asgwrn boch y ceffyl a'r enfa. Clymwch y trwynffrwyn ond gadewch le i ddau fys lithro oddi tano. Gwnewch yn siŵr fod y strapiau'n aros yn eu lle.

Mae'r enfa'n gorffwys dros dafod y ceffyl yn y bwlch rhwng y dannedd blaen ac ôl. Mae genfâu o ddur gwrthstaen fel arfer, er y gall darn y geg fod o rwber neu blastig. Mae'r awenau'n cael eu cysylltu wrth y cylchoedd bob ochr i'r enfa. Maen nhw hefyd yn atal yr enfa rhag llithro drwy'r geg.

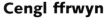

Cengl ffrwyn

Cengl ffrwyn

Weithiau fe welwch geffyl neu ferlen yn gwisgo strap am y gwddf sydd â strapiau eraill i gysylltu â'r ffrwyn neu â'r awenau a'r cenglau. Cengl ffrwyn yw enw'r strap. Mae'n rhwystro'r ceffyl rhag taflu ei ben i fyny'n uchel a'i gwneud hi'n anodd marchogaeth. Mae'r gengl ffrwyn yn y llun ar y chwith yn rhannu'n ddwy strap ac mae'r awenau'n rhedeg drwyddi. Mae cengl ffrwyn arall ag un strap sy'n cysylltu'n syth â thrwyndres arferol.

Cyfrwy a gwarthol

Mae cyfrwy yn eich helpu i eistedd yn ddiogel a chywir ar gefn y ceffyl. Gallwch roi arwyddion i'r ceffyl a bydd eich coesau'n gorffwys yn y man iawn ar bob ochr. Mae'n bwysig fod y cyfrwy – a phopeth arall – yn ffitio'n iawn i wneud yn siŵr nad yw'r ceffyl yn anghyfforddus. Cyfrwywr yw'r person gorau i sicrhau hyn.

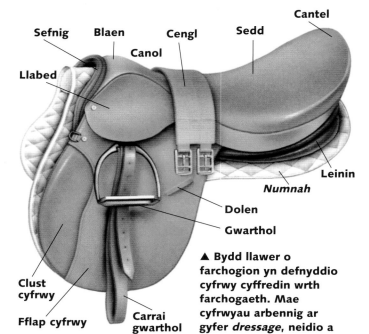

Sefnig Blaen Canol Cengl Sedd Cantel
Llabed
Leinin
Numnah
Dolen
Gwarthol
Clust cyfrwy
Fflap cyfrwy
Carrai gwarthol

▲ Bydd llawer o farchogion yn defnyddio cyfrwy cyffredin wrth farchogaeth. Mae cyfrwyau arbennig ar gyfer *dressage*, neidio a rasio ceffylau.

Numnah

Pad cotwm, croen dafad neu rwber yw *numnah*. Caiff ei roi o dan y cyfrwy fel ei fod yn fwy cyfforddus.

Gosod cyfrwy

1 Daliwch y cyfrwy â'ch llaw chwith ar y blaen a'ch llaw dde o dan y sedd. Sefwch ar ochr chwith y ceffyl, a rhoi'r cyfrwy'n ofalus ar ran uchaf yr ysgwyddau ac yna gadewch iddo lithro i lawr i'r man cywir.

2 Gadewch i'r gengl gwympo, yna cymrwch y gengl o dan fol y ceffyl a'i bwclo o dan fflapiau'r cyfrwy.

3 Tynnwch giard y bwcl i lawr. Gollyngwch y gwartholion pan fyddwch yn barod i farchogaeth.

▶ Mae bŵts yn amddiffyn coesau'r ceffyl os bydd yn eu bwrw wrth neidio neu'n cicio ei hunan.

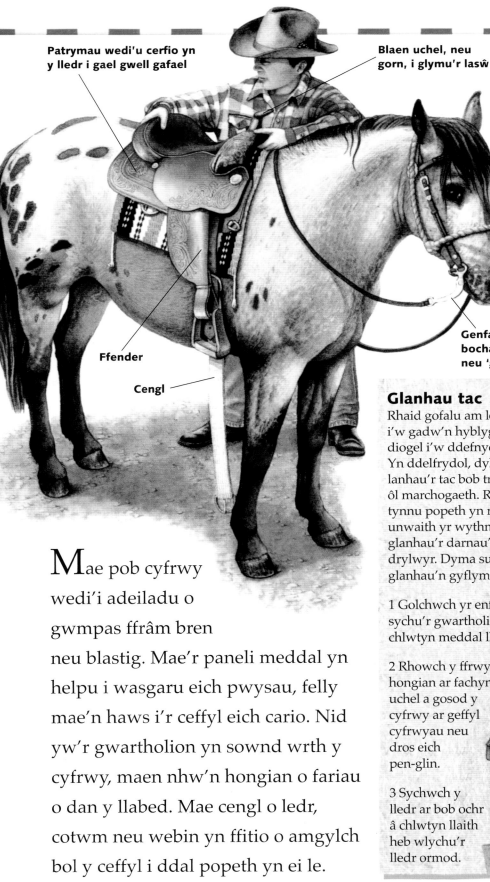

Patrymau wedi'u cerfio yn y lledr i gael gwell gafael

Blaen uchel, neu gorn, i glymu'r lasŵ

Ffender

Cengl

Genfa gyda bochau hir, neu 'goesau'

Cyfrwy'r Cowbois

Datblygodd cowbois a milwyr UDA ffordd arbennig o farchogaeth yn seiliedig ar dechnegau marchogaeth Sbaenaidd. Roedd cyfrwy'r cowbois yn wahanol gan fod y marchog a'r ceffyl yn treulio oriau neu ddyddiau ar daith. Roedd y sedd yn ddwfn i wasgaru pwysau'r marchog a'i gadw'n ddiogel, a daeth fflapiau lledr llydan o'r enw *ffenders* yn rhan o garrai'r gwarthol i amddiffyn y coesau.

Mae pob cyfrwy wedi'i adeiladu o gwmpas ffrâm bren neu blastig. Mae'r paneli meddal yn helpu i wasgaru eich pwysau, felly mae'n haws i'r ceffyl eich cario. Nid yw'r gwartholion yn sownd wrth y cyfrwy, maen nhw'n hongian o fariau o dan y llabed. Mae cengl o ledr, cotwm neu webin yn ffitio o amgylch bol y ceffyl i ddal popeth yn ei le.

Glanhau tac

Rhaid gofalu am ledr i'w gadw'n hyblyg a diogel i'w ddefnyddio. Yn ddelfrydol, dylech lanhau'r tac bob tro ar ôl marchogaeth. Rhaid tynnu popeth yn rhydd unwaith yr wythnos a glanhau'r darnau'n drylwyr. Dyma sut mae glanhau'n gyflym:

1 Golchwch yr enfa a sychu'r gwartholion â chlwtyn meddal llaith.

2 Rhowch y ffrwyn i hongian ar fachyn uchel a gosod y cyfrwy ar geffyl cyfrwyau neu dros eich pen-glin.

3 Sychwch y lledr ar bob ochr â chlwtyn llaith heb wlychu'r lledr ormod.

4 Gwlychwch y sebon a rhwbio'r sbwng arno, ond does dim angen gormod o sebon. Defnyddiwch y sbwng i roi'r sebon dros y lledr. Yna rhwbiwch y cyfrwy â chlwtyn sych meddal.

Bachyn uchel i'r cyfrwy

Cae neu stabl?

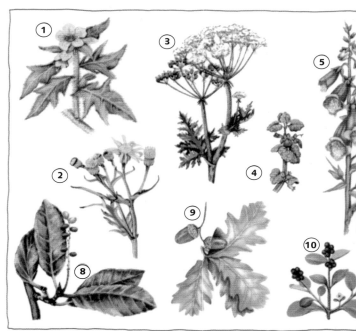

O gael dewis, byddai'n well gan geffylau fyw yn yr awyr agored yn hytrach nac mewn stabl. Wedi'r cyfan, y tu allan mae ceffylau'n byw'n naturiol. Ond mae byw yn yr awyr agored yn golygu mwy na rhoi ceffyl mewn cae. Rhaid gofalu dewis cae sy'n ddiogel ac addas.

▼ Cadwch y borfa mewn cyflwr da drwy symud y ceffyl o'r cae bob hyn a hyn a chodi'r tail yn gyson.

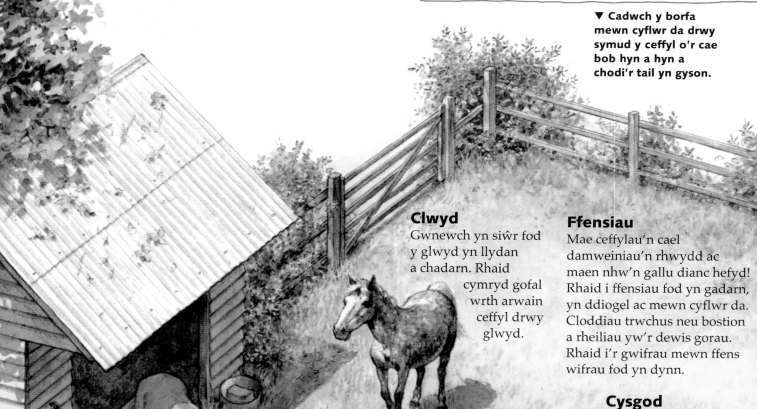

Clwyd
Gwnewch yn siŵr fod y glwyd yn llydan a chadarn. Rhaid cymryd gofal wrth arwain ceffyl drwy glwyd.

Ffensiau
Mae ceffylau'n cael damweiniau'n rhwydd ac maen nhw'n gallu dianc hefyd! Rhaid i ffensiau fod yn gadarn, yn ddiogel ac mewn cyflwr da. Cloddiau trwchus neu bostion a rheiliau yw'r dewis gorau. Rhaid i'r gwifrau mewn ffens wifrau fod yn dynn.

Cysgod
Mae'n anodd i geffyl mewn cae ddod o hyd i gysgod. Mae coed yn rhoi peth cysgod rhag tywydd gwael neu haul poeth, ond yn ddelfrydol dylai fod gennych gysgod wedi'i adeiladu'n bwrpasol.

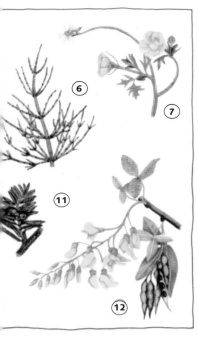

Planhigion gwenwynig

Mae porfa flasus yn cynnwys perlysiau a gwair sy'n dda i geffylau – ond gwyliwch am y planhigion gwenwynig. Dyma rai cyffredin:

1 Ffa'r moch
2 Llysiau'r gingroen
3 Cegid
4 Eiddew'r ddaear
5 Bysedd y cŵn
6 Rhawn y gors
7 Blodyn menyn
8 Llawryf
9 Derwen
10 Coed prifet
11 Ywen
12 Tresi aur

▶ Mae ceffylau a merlod sy'n cael eu cadw mewn stabl yn dibynnu arnon ni am bob dim.

Byw mewn stabl

Y tu allan ac nid o dan do mae ceffylau'n byw yn naturiol. Ond mae'n aml yn haws i ni ofalu amdanyn nhw mewn stablau. Yn ddelfrydol, dylai pob ceffyl fynd allan i gae am ychydig amser bob dydd.

Mae'n well gan rai ceffylau nag eraill fyw y tu allan. Bydd rhai bridiau'n tyfu cotiau gaeaf trwchus i wynebu tywydd garw. Bydd angen carthen a bwyd ychwanegol ar fridiau o dras Arab neu'r Tryryw (*Thoroughbred*) i gadw'n gynnes pan fydd hi'n oer.

Porfa fras

Mae porfa'n gallu bod yn llawn maeth, neu'n brin ohono. Rhaid cael draeniad da heb i'r borfa fod yn rhy gyfoethog na'n rhy sur. Dylai fod o leiaf 6,000 metr sgwâr (1½ erw) o borfa i bob ceffyl.

Dŵr

Mae angen cyflenwad o ddŵr glân ar bob cae, naill ai drwy biben i gafn neu o nant lân sy'n llifo'n rhwydd.

Cwmni

Ceffylau anhapus yw ceffylau unig. Rhowch ffrind yn y cae i'ch ceffyl. Beth am asyn, neu gorau oll os gallwch gael ceffyl arall.

▲ Dylech ymweld â cheffylau sydd mewn cae ddwywaith y dydd i wneud yn siŵr eu bod nhw'n iawn.

Yn y stabl

Mae gofalu am geffyl sydd mewn stabl yn gyfrifoldeb mawr. Dylai fod gan geffyl sydd mewn stabl ddigon o le cyfforddus i fyw, gwaith cyson a digon o bethau i'w gadw rhag iddo ddiflasu.

Yn y gorffennol, roedd ceffylau'n cael eu clymu mewn stalau. Felly roedd hi'n bosibl cadw llawer mewn lle bach. Ond heddiw, stâl rydd sydd gan geffylau a merlod fel arfer. Maen nhw wedi'u codi o bren, carreg neu frics. Yn yr Unol Daleithiau, bydd stablau'n cael eu codi mewn ysgubor fawr. Mae gwelyau dwfn o wellt neu naddion pren yn cadw ceffylau'n gynnes a chyfforddus ond rhaid eu cadw'n lân iawn.

Trefn y buarth

Mae ceffylau'n dwlu ar drefn. Bydd ceffyl mewn stabl yn dod i wybod cyn pen dim pryd i ddisgwyl ymweliad. Felly mae'n well mynd i weld y ceffyl yr un adeg bob dydd rhag ei siomi.

Tasgau bob dydd

Mae rhai tasgau i'w gwneud bob wythnos, fel tacluso'r domen dail neu ddiheintio llawr y stâl rydd. Ond rhaid gwneud tasgau eraill bob dydd.

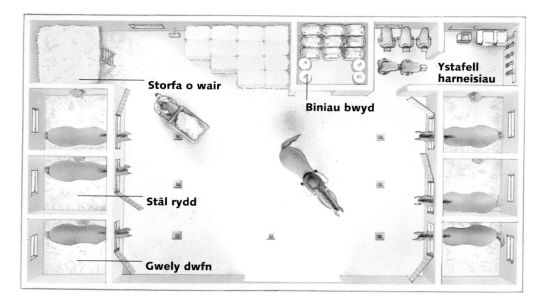

Storfa o wair

Ystafell harneisiau

Biniau bwyd

Stâl rydd

Gwely dwfn

Y stabl ddelfrydol

Rhaid i stâl rydd fod o leiaf 4.3m x 3.6m i un ceffyl a 3.6m x 3m i ferlen. Dylai'r stâl fod yn 3m o uchder a'r drws yn 1.25m o uchder a 2.2m o led. Rhaid bod digon o awyr yn dod i mewn, gyda llawr gwrthlithro ar oledd i gael draeniad, a dau gylch clymu, un ar bob ochr, tua 1.5m o uchder.

▶ Rhaid mynd â cheffylau a merlod sy'n cael eu cadw mewn stablau allan i ymarfer bob dydd.

▼ Os ydych chi'n berchen ar geffyl, trefnwch waith y stabl o gwmpas yr ysgol a chadwch at yr un drefn bob dydd.

Cwlwm sy'n datod yn rhwydd

Rhaid defnyddio cwlwm diogelwch arbennig bob amser wrth glymu ceffylau. Mae'r cwlwm yn datod yn rhwydd mewn argyfwng. Dylai'r cwlwm gael ei glymu wrth ddolen o linyn sy'n sownd wrth gylch neu ffens, ond byth wrth y cwlwm neu'r ffens ei hun.

1 Gwnewch ddolen yn y rhaff a rhowch hi drwy'r cylch. Trowch y ddolen sawl gwaith.

2 Gwnewch ddolen â phen rhydd y rhaff a'i gwthio drwy'r ddolen sydd wedi'i throi.

3 Mae'r rhaff yn cael ei thynhau drwy dynnu ar ben y rhaff sy'n sownd i'r ffrwyn.

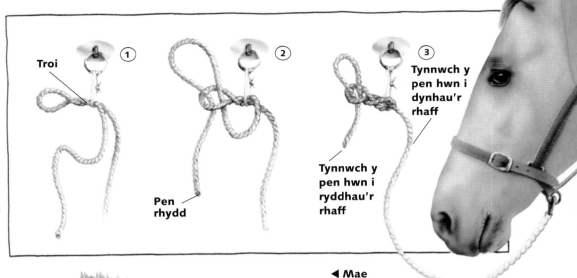

Troi · ① · ② · ③ · Tynnwch y pen hwn i dynhau'r rhaff

Pen rhydd

Tynnwch y pen hwn i ryddhau'r rhaff

◀ Mae carthenni cynnes o Seland Newydd yn cael eu defnyddio ar gyfer merlod sy'n cael eu cadw'r tu allan.

Carthenni

Dydy ceffyl mewn stabl ddim yn gallu symud o gwmpas cymaint i gadw'n gynnes felly mae eisiau o leiaf un garthen stabl gyda mwy wrth law os yw'r ceffyl wedi'i glipio. Mae carthenni stabl modern fel arfer o ddeunydd synthetig, fel duvet, ac maen nhw'n clymu o dan fol y ceffyl.

Clipio

Yn ystod misoedd oer y gaeaf, mae ceffylau a merlod yn tyfu cotiau trwchus. Gallan nhw fynd yn rhy boeth os ydyn nhw'n cael eu marchogaeth yn gyson neu'n byw o dan do'n bennaf. Dyna pam maen nhw'n cael eu clipio. Bydd y rhan o'r gôt sy'n cael ei chlipio'n dibynnu ar y gwaith y mae'n rhaid i'r ceffyl ei wneud ac ar faint o amser mae'n ei dreulio ar borfa. Does dim gwahaniaeth fel arfer gan geffylau eu bod yn cael eu clipio ond mae'n waith i arbenigwr.

① · ② · ③ · ④

ALLWEDD
1 Clipio llawn 2 Clipio ceffyl hela
3 Clipio carthen 4 Clipio ceffyl rasio

Plethu

Ar ôl clipio a gwastrodi, gallwch blethu mwng a chynffon merlen, yn enwedig os yw'n mynd i sioe.

ALLWEDD
1 Glanhau harnais
2 Llenwi bwcedi dŵr
3 Bwydo – o leiaf ddwywaith y
   dydd, yn y bore a gyda'r nos,
   gyda chinio i geffylau sy'n
   gweithio
4 Llenwi rhwydi â gwair
5 Carthu a thacluso
6 Gwastrodi
7 Edrych ar y ceffylau a symud
   carthenni
8 Mynd â cheffyl i'r cae, neu i
   ymarfer – mae angen
   marchogaeth ceffyl sydd
   mewn stabl am o leiaf
   90 munud y dydd

Gwastrodi

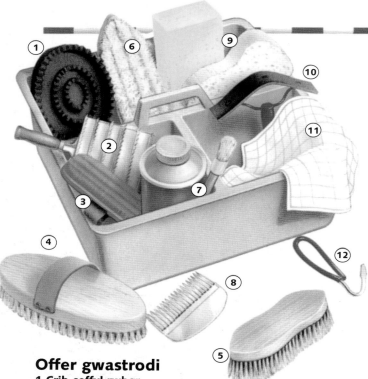

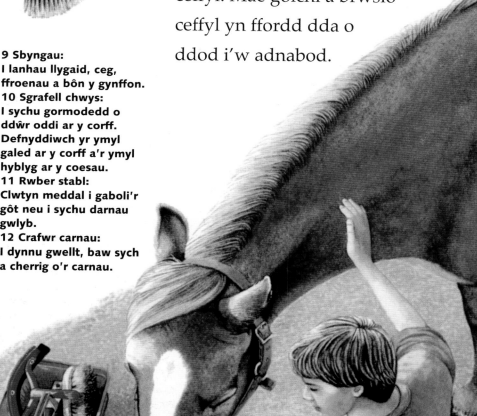

Mae gwastrodi'n golygu mwy na brwsio darnau o fwd oddi ar geffyl a gwneud iddo edrych yn smart. Mae gwastrodi cyson yn glanhau croen y ceffyl a'i gadw'n iach. Bydd brwsio'n egnïol hyd yn oed yn helpu cylchrediad y gwaed a gwella cyflwr cyhyrau'r ceffyl. Mae golchi a brwsio ceffyl yn ffordd dda o ddod i'w adnabod.

Offer gwastrodi

1 Crib ceffyl rwber
2 Crib ceffyl metel
3 Crib ceffyl plastig:
Mae cribau ceffyl yn cael eu defnyddio i helpu glanhau'r brwsh corff. Hefyd mae'n tynnu caglau a mwd neu flew rhydd. Ddylech chi byth ddefnyddio crib ceffyl metel ar ferlen.
4 Brwsh corff:
Brws meddal gyda blew agos sy'n cael ei ddefnyddio i lanhau'r gôt a'r croen yn ddwfn.
5. Brwsh dandi:
Brws caletach gyda blew hir; mae'n rhy galed i'w ddefnyddio ar y pen, y mwng neu'r gynffon.
6 Brwsh dŵr:
Brws tebyg i'r brwsh dandi ond mae'r blew'n fyrrach a mwy meddal. Mae'n cael ei wlychu a'i ddefnyddio i feddalu'r mwng neu sgwrio'r carnau.
7 Olew a brwsh carnau:
Mae'r olew'n cael ei frwsio ar y droed i gyd pan fydd yn sych i gadw'r carnau mewn cyflwr da.
8 Crib mwng:
I gribo clymau o'r mwng a'r gynffon.

9 Sbyngau:
I lanhau llygaid, ceg, ffroenau a bôn y gynffon.
10 Sgrafell chwys:
I sychu gormodedd o ddŵr oddi ar y corff. Defnyddiwch yr ymyl galed ar y corff a'r ymyl hyblyg ar y coesau.
11 Rwber stabl:
Clwtyn meddal i gaboli'r gôt neu i sychu darnau gwlyb.
12 Crafwr carnau:
I dynnu gwellt, baw sych a cherrig o'r carnau.

▼ Defnyddiwch bob un o'r offer yn y llaw sydd nesaf at ben y ceffyl. Felly wrth wastrodi ochr chwith y ceffyl, defnyddiwch eich llaw chwith ac ar ochr dde'r ceffyl defnyddiwch eich llaw dde.

Brwsio'n iawn

● Brwsiwch i'r cyfeiriad y mae'r gôt yn gorwedd bob amser.

● Dechreuwch ar bwys y pen ac yna mynd ar hyd y corff ac i lawr y coesau.

● Brwsiwch yn gadarn, gan roi pwysau'ch corff y tu ôl i bob symudiad.

● Peidiwch â gwastrodi os yw'r gôt yn wlyb.

● Tynnwch unrhyw ddarnau lletchwith o faw i ffwrdd â'ch bysedd.

● Rhowch goler am ben y ceffyl er mwyn gallu gwastrodi'r pen yn iawn.

● Adeg tywydd oer gadewch o leiaf un garthen am y ceffyl wrth ei wastrodi rhag iddo oeri. Plygwch hi'n ôl fesul darn wrth i chi wastrodi.

● Mae ceffylau fel arfer yn hoffi cael eu gwastrodi ond maen nhw'n goglais mewn rhai mannau. Gwyliwch os yw'r ceffyl yn aflonydd neu'n symud ei glustiau – gall fod ar fin eich cnoi neu eich cicio.

● Peidiwch ag anghofio glanhau'r offer gwastrodi hefyd!

Os yw ceffylau'n byw y tu allan drwy'r amser neu'r rhan fwyaf o'r amser, rhaid i'w cotiau beidio gollwng dŵr. Felly dim ond gwastrodi'n ysgafn sydd eisiau, neu byddwch yn tynnu'r saim naturiol sy'n eu cadw'n gynnes a sych. Gallwch wastrodi ceffylau mewn stablau'n drylwyr bob dydd i wneud i'w cotiau sgleinio.

Strapio ceffyl

Gwastrodi llawn yw strapio sy'n cael ei roi i geffylau mewn stabl. Mae gwastrodion proffesiynol yn gorffen eu gwaith drwy guro'r cyhyrau â gwair neu wellt wedi'u troi. Mae hyn yn cyflymu'r cylchrediad ac yn caledu cyhyrau'r ceffyl.

Defnyddio crafwr carnau

Rhaid glanhau traed ceffyl ddwywaith y dydd i dynnu baw a cherrig neu wellt brwnt. Rhaid cydio ym mlaen y droed a glanhau o'r sawdl i'r blaen. Felly fyddwch chi ddim yn anafu'r bywyn sensitif.

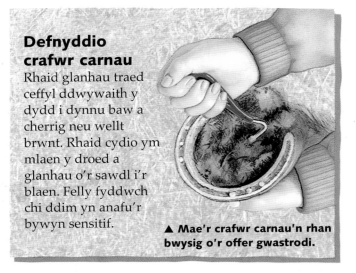

▲ Mae'r crafwr carnau'n rhan bwysig o'r offer gwastrodi.

Mae'r bwyd sydd ei
angen ar geffyl yn
dibynnu ar ei faint (mae
ceffylau mawr yn bwyta
mwy na merlod bach),
hefyd faint o ymarfer
mae'n ei gael, a yw
mewn stabl neu mewn
cae, ac ar ei oedran (mae
anghenion gwahanol gan
geffylau hen ac ifanc).
Mae angen mwy o fwyd
pan fydd hi'n oer a
llawer o egni'n cael ei
ddefnyddio i
gadw'n gynnes.

Bwyd a bwydo

Mae pob ceffyl a merlen
yn wahanol, felly rhaid i
bob un gael bwyd addas.
Ond mae rhai rheolau, beth bynnag
yw maint y ceffyl. Mae angen
carbohydradau ar bob ceffyl i roi
egni ac i'w gadw'n gynnes, protein i
adeiladu ac adnewyddu'r corff,
braster i gael gwres ac egni, ffibr i
helpu'r treulio, a fitaminau a
mwynau i'w gadw'n iach.

◀ **Gallwch roi bwyd mewn rhesel
(cafn mewn stabl) neu mewn bwced.**

ALLWEDD
1 Creision indrawn – i
roi egni ac i helpu
merlen i fagu pwysau
2 Cnau ceffylau –
cymysgedd cytbwys o
fwyd wedi'u gwasgu'n
rholiau
3 Bran – i roi ffibr
ychwanegol

4 Cymysgedd bras –
cymysgedd parod, fel y
cnau
5 Us – gwellt wedi'u malu
gyda thriagl wedi'i
ychwanegu i roi ffibr

Yn ystod y misoedd cynnes, dim ond porfa fydd ei hangen ar geffylau fel arfer. Ond pan fydd y borfa'n wael neu os nad oes porfa, dylech roi gwair iddyn nhw. Porfa sydd wedi'i dorri a'i sychu pan fydd ar ei orau yw gwair.

Mae porfa a gwair yn fwyd sy'n llenwi ac yn rhoi llawer o ffibr, felly maen nhw'n cadw system treulio'r ceffyl yn gweithio'n iawn. Ond dydyn nhw ddim yn cynnwys llawer o egni. Felly, dylech roi bwydydd eraill i geffylau, fel cnau ceffylau a grawnfwyd, pan fydd angen egni ychwanegol. Dwysfwydydd yw'r enw ar y bwydydd hyn.

▲ I weld faint mae ceffyl yn ei bwyso, gallwch fynd ag ef i bont bwyso neu'i fesur o gwmpas y cenglau â thâp mesur arbennig.

6 Betys siwgr wedi sychu – ffibr da, ond mae angen mwydo hwn
7 Bloc halen – mae mwynau ynddo
8 Ceirch – i geffylau sy'n gwneud llawer o waith
9 Barlys neu haidd – i roi egni a chadw cyflwr y ceffyl yn dda

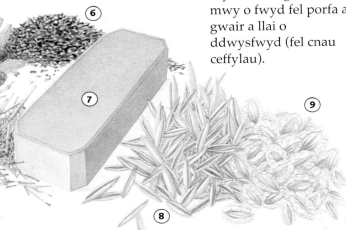

Ffeithiau am fwydo

Rhaid i ferlen fwyta tua 2% o bwysau ei chorff bob dydd. Mae merlen arferol 14 trybedd yn pwyso tua 350kg y dydd, felly bydd yn bwyta tua 7kg o fwyd y dydd. Os nad ydych yn marchogaeth y ferlen rhyw lawer, gallwch roi mwy o fwyd fel porfa a gwair a llai o ddwysfwyd (fel cnau ceffylau).

Rheolau euraid bwydo

● Bwydwch yn aml ac yn gyson.
● Rhowch ddigon o ddŵr ffres bob amser – gall ceffyl yfed hyd at 55 litr y dydd.
● Arhoswch am awr neu fwy ar ôl bwydo'r ceffyl cyn ei farchogaeth.
● Cadwch at yr un drefn o hyd.
● Peidiwch â newid y diet yn sydyn.
● Rhowch ddigon o ffibr, fel gwair neu us.
● Rhowch lawer o fwydydd suddlon, fel moron ac afalau.
● Rhowch fwydydd o'r safon uchaf bob amser.
● Cadwch eich bwcedi a'ch llwyau'n lân.

Cadw'n iach a heini

Mae dau berson pwysig yn helpu i gadw ceffyl neu ferlen yn iach – y milfeddyg a'r ffarier.

Mae'n bwysig sylwi pan fydd eich ceffyl yn teimlo'n sâl, er mwyn gallu galw'r milfeddyg mewn da bryd. Ond gall y milfeddyg alw pan fydd y ceffyl yn iach hefyd, er mwyn rhathellu'r dannedd (eu llyfnu nhw), rhoi brechiadau a phowdr llyngyr.

Rhybudd: Llyngyr

Mae pob ceffyl a merlen yn cario llyngyr yn eu cyrff. Bydd ceffyl yn bwyta wyau'r llyngyr gyda'r borfa. Wrth i larfae'r llyngyr dyfu, maen nhw'n gwneud i'r ceffyl golli pwysau neu gael stumog dost. Mae rhoi powdr neu bast llyngyr i geffyl neu ferlen bob 6-8 wythnos yn help i gadw'r llyngyr draw.

Cloffni

Gall ceffylau fynd yn gloff oherwydd anaf neu salwch. Mae clwyf, gwres neu chwydd fel arfer yn dangos i'r milfeddyg beth yw'r achos.

▲ Os yw ceffyl yn mynd yn gloff, bydd yn amlwg wrth iddo drotian pa goes sy'n gloff, a pham hefyd. Bydd y ceffyl yn cael ei arwain oddi wrth y milfeddyg ac yn ôl ato/ati.

Salwch cyffredin

Mae merlod yn aml yn cael laminitis, clefyd poenus sy'n eu parlysu, oherwydd eu bod yn cael gormod o fwyd. Salwch cyffredin arall yw colig, poen stumog sy'n digwydd os nad ydych chi'n bwydo'n iawn. Efallai mai colig sydd ar geffyl os nad oes chwant bwyd arno, os yw'n aflonydd a chwyslyd a'i dymheredd yn uchel (38°C yw'r tymheredd arferol), a dylech alw'r milfeddyg yn syth.

▶ Rhaid brechu ceffylau bob blwyddyn rhag iddyn nhw ddal dau glefyd peryglus iawn - tetanws a ffliw ceffylau. Gall y milfeddyg roi'r ddau frechiad yr un pryd.

Rhestr wirio iechyd

Wrth wylio ceffyl, fe welwch a yw'n teimlo'n iawn ai peidio.
Dylai fod ganddo:

- glustiau sy'n symud fan hyn a fan draw, fel ei fod yn edrych yn effro
- côt sgleiniog sy'n gorwedd yn wastad
- croen llac ac ystwyth
- archwaeth da am fwyd
- syched da
- corff sy'n gweithio'n gyson
- llygaid disglair
- dim chwyddo neu wres yn y coesau
- corff llawn gyda chyhyrau cadarn, ond heb fod yn dew
- pwysau wedi'u rhannu'n gyfartal ar bob un o'r pedair troed.

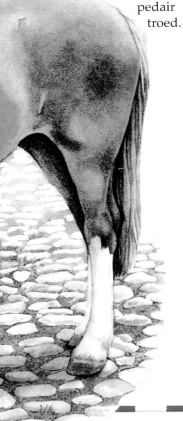

Gofalu am garnau

Rhaid i geffyl weld y ffarier bob 4-6 wythnos i dorri tyfiant y carn yn ôl a rhoi pedolau newydd yn lle rhai sydd wedi treulio.

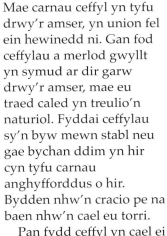

Ochr y carn

Blaen y droed

Mae carnau ceffyl yn tyfu drwy'r amser, yn union fel ein hewinedd ni. Gan fod ceffylau a merlod gwyllt yn symud ar dir garw drwy'r amser, mae eu traed caled yn treulio'n naturiol. Fyddai ceffylau sy'n byw mewn stabl neu gae bychan ddim yn hir cyn tyfu carnau anghyfforddus o hir. Bydden nhw'n cracio pe na baen nhw'n cael eu torri.

Pan fydd ceffyl yn cael ei farchogaeth yn gyson, mae'r carnau'n treulio'n gynt nag y gallan nhw dyfu. Felly rhaid i'r rhan fwyaf o geffylau a merlod wisgo pedolau haearn, yn enwedig os ydyn nhw'n cerdded ar arwynebedd caled.

▲ Y bedol hon sydd gan y rhan fwyaf o geffylau a merlod sy'n cael eu marchogaeth. Mae rhigol ynddi fel ei bod yn ysgafn ac yn dal gafael yn well.

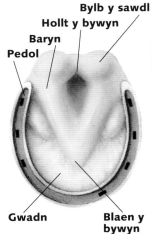

Bylb y sawdl
Hollt y bywyn
Baryn
Pedol
Gwadn
Blaen y bywyn

▼ Mae'r ffarier yn twymo pedol ddur mewn ffwrnais, a gweld a yw'n ffitio troed y ceffyl. Yna mae'n ei tharo â morthwyl nes ei bod yn ffitio'n berffaith cyn gosod yr hoelion. Mae ffariers mor fedrus fel nad yw pedoli'n gwneud dolur o gwbl i'r ceffyl.

YN Y GORFFENNOL

 Amser maith yn ôl, wrth olau ffaglau tân, byddai pobl cyn hanes yn tynnu lluniau o geffylau'n carlamu ar waliau eu hogofâu. Roedd y bobl yn hela, a'r ceffylau oedd yr ysglyfaeth.

Ond gydag amser cafodd ceffylau eu defnyddio i gario nwyddau yn lle bod yn fwyd, a daethon nhw'n werthfawr ac yn symbol mewn llên gwerin a chwedloniaeth. Drwy'r canrifoedd, mae pobl a cheffylau wedi cydweithio, gan ddod yn ffrindiau mawr. Erbyn hyn mae ganddyn nhw berthynas agos ac arbennig iawn.

▲ **Cerflun o saethwr o Etrusca, tua 500 CC**

▲ **Marchog o set gwyddbwyll Ynys Lewis, canol i ddiwedd 1100au**

▶ **Darlun bach o India: yr ymerawdwr Mogul Shah Jahan yn marchogaeth gydag un o'i feibion, 1615.**

◀ **Lluniau mewn ogofâu yn Lascaux, Ffrainc, tua 15,000 CC**

Chwedloniaeth, hud a lledrith

Pan oedd pobl Oes y Cerrig yn peintio ceffylau ar waliau ogofâu, efallai mai gofyn am help i hela roedden nhw. Mae ceffylau'n aml wedi bod yn rhan o ddefodau crefyddol a hyd yn oed wedi cael eu haddoli.

Pan lwyddodd pobl i ddofi a marchogaeth ceffylau am y tro cyntaf, daethon nhw'n fwy cyflym a phwerus. Aeth pobl i ddychmygu bod gan geffylau bwerau hudol. Daeth ceffylau'n rhan o lên gwerin dros y byd i gyd.

◄ Roedd dynfeirch fel arfer yn rhyfelgar ac yn hoffi ymladd.

Dynfeirch

Ym mytholeg Groeg, roedd gan ddynfarch ysgwyddau dyn gyda gwaelod corff a choesau ceffyl. Roedd dynfeirch yn llawn angerdd, yn rhyfelgar ac yn hoffi yfed. Chiron oedd y dynfarch enwocaf. Yn wahanol i'r gweddill, roedd e'n ddoeth a chyfiawn. Dysgodd Chiron helwriaeth, meddygaeth a cherddoriaeth i Achilles ac arwyr Groegaidd eraill. Yn ôl y chwedl, pan gafodd Chiron ei ladd gan Hercules, cafodd anrhydedd gan Zeus, tad y duwiau. Gosododd ef yng nghanol y sêr fel y cytser Centaurus, gyda dynfarch arall, Sagittarius.

Pegasos

March gwyn ag adenydd oedd Pegasos. Mae chwedl o wlad Groeg yn dweud sut llwyddodd Belerophon i ddofi Pegasos gyda help y dduwies Athena, a sut helpodd Pegasos ef i drechu anghenfil yn anadlu tân. Ond pan geisiodd Belerophon hedfan Pegasos i fynydd Olympos, cartref y duwiau, anfonodd Zeus bryfyn, robin y gyrrwr, i bigo'r ceffyl. Cynhyrfodd Pegasos a thaflu Belerophon i'r ddaear, gan hedfan i Fynydd Olympos ar ei ben ei hun.

Odin a Sleipnir

Brenin a thad holl dduwiau mytholeg y Llychlynwyr oedd Odin. Yn ôl y chwedl, fe oedd creawdwr y Ddaear. Roedd yn codi ofn ar dduwiau a phobl.

Cafodd Odin lawer o anturiaethau ar gefn ei geffyl gwyn wyth coes anhygoel, Sleipnir.

▼ Mae chwedlau'n sôn am Sleipnir yn carlamu dros y tir, y môr a'r awyr.

▼ Roedd yr uncorn yn greadur hudol gwyn, fel ceffyl, gyda chorn ar ei dalcen. Yn ôl y chwedl, dim ond morwyn allai ei ddofi.

Roedd ceffylau'n bwysicach na phob anifail arall i'r Groegwyr a'r Rhufeiniaid. Daeth ceffylau'n symbolau o statws a chyfoeth, gyda brenhinoedd a rhyfelwyr yn eu marchogaeth. Felly, roedd yn rhaid i'r duwiau hefyd gael ceffylau. Mae hen fythau'n sôn am geffylau goruwchnaturiol a chreaduriaid tebyg i geffylau. Yn aml, roedd hi'n anodd rheoli'r ceffylau hyn. Weithiau, roedden nhw'n edrych yn frawychus neu'n rhyfedd.

Ceffylau rhyfel

Dychmygwch fore llwyd ac oer, 5,000 o flynyddoedd yn ôl. Mae dau lwyth o'r anialwch yn barod i ymladd, wyneb yn wyneb, â dim ond gwaywffyn a bwyeill. Yn sydyn, dyma'r cerbydau rhyfel cyntaf yn dod dros y bryn, wedi'u tynnu gan geffylau ac yn cario saethwyr a rhyfelwyr yn taflu gwaywffyn. Dyna sioc farwol! Newidiodd ceffylau ffyrdd pobl ryfela am byth gan helpu i greu hanes.

Buodd marchogion arfog yn bwysig wrth ryfela am ganrifoedd. Dim ond yn y Rhyfel Byd Cyntaf (1914-18) y daeth tanciau ac arfau pwerus i flaen y gad yn lle ceffylau.

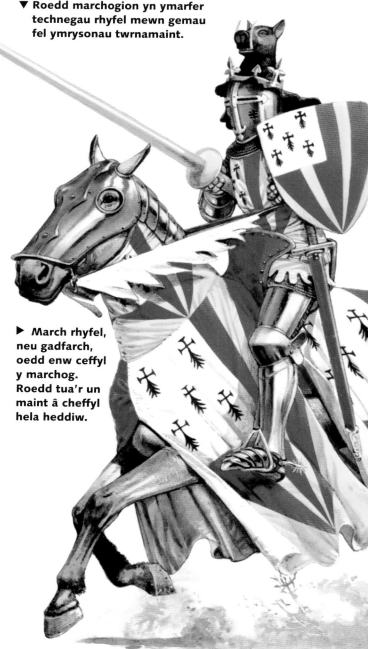

▼ Roedd marchogion yn ymarfer technegau rhyfel mewn gemau fel ymrysonau twrnamaint.

▶ March rhyfel, neu gadfarch, oedd enw ceffyl y marchog. Roedd tua'r un maint â cheffyl hela heddiw.

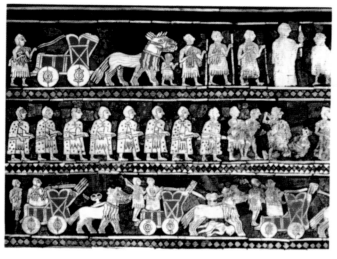

◀ Gwŷr traed a cherbyd-wyr o Sumera'n gyrru carcharorion o'u blaenau, ar Faner Ur (Standard of Ur), tua 2,500 BC

Galwch y gwŷr meirch!

Yn yr Oesoedd Canol, gwisgai marchogion a cheffylau arfwisg i ymladd. Er bod yr arfwisg yn eu hamddiffyn, roedd hefyd yn arafu'r ceffylau. Erbyn y 1700au, milwyr ar geffylau cyflym, neu wŷr meirch, oedd prif ymladdwyr y fyddin, gan gario cleddyfau neu ddrylliau'n unig.

Bucephalus

Arweinydd mwyaf y gwŷr meirch yn yr hen amser oedd Alecsander Fawr, brenin Macedonia. Concrodd ei fyddinoedd hanner y byd ac roedd pobl yn gwybod amdano. Dofodd Alecsander y ceffyl du hardd Bucephalus - doedd neb arall yn fodlon mentro ar ei gefn. Pan fu farw Bucephalus, adeiladodd Alecsander ddinas er cof amdano.

◄ **Alecsander ar gefn Bucephalus**

▼ **Cerbydau rhyfel Buddug, brenhines y Brythoniaid. Ymladdodd ei byddin yn erbyn y Rhufeiniaid yn 60 OC.**

Rhyfel Cartref America

Yn ystod Rhyfel Cartref America (1861-65), roedd gan y ddwy ochr – Milwyr y Gogledd a'r Cynghreirwyr – wŷr meirch yn eu byddinoedd. Roedd gwŷr meirch hefyd yn cario negeseuon rhwng gwersylloedd ac yn chwilota am y gelyn.

▼ **Lladdwyd tua 375,000 o geffylau yn ystod y Rhyfel Byd Cyntaf.**

▲ **Y Cadfridog Ulysses S. Grant a'i wŷr meirch.**

Y Rhyfel Byd cyntaf

Yn ystod y Rhyfel Byd cyntaf, cafodd bridiau ceffylau gwydn a chadarn fel 'Waler' Awstralia eu defnyddio i gario swyddogion ac i dynnu gynnau mawr ac ambiwlansys.

Teithio

Am filoedd o flynyddoedd, cyn dyddiau ceir, lorïau, bysiau a threnau, roedd rhaid cael ceffylau i deithio. Roedd arwain anifail pwn, marchogaeth neu yrru cerbyd yn golygu bod pobl a phethau'n dibynnu ar geffylau i symud o le i le.

Sioe ffasiwn

Yn Ewrop, tan ddechrau'r 1600au, marchogaeth neu arwain anifail pwn oedd y ffordd orau i fynd o le i le. Yn raddol, gwellodd y ffyrdd a'r cerbydau a gwelwyd oes aur teithio â cheffylau rhwng diwedd y 1600au a chanol y 1800au. Roedd cerbydau'n symbolau o statws ac roedd mynd am dro i'r parc yn gyfle i bobl gyfoethog greu argraff gyda'u cerbydau a'u ceffylau smart. Roedd y ceffyl Hacni, sy'n camu'n uchel, a Morgan, o America, yn ddau frid ffasiynol ar yr adeg hon. Heddiw, cedwir sgiliau o'r gorffennol yn fyw wrth i gystadlaethau gyrru cerbydau gael eu cynnal ledled y byd.

Newid cyfnod

Pan ddaeth y rheilffyrdd, daeth diwedd oes y goets fawr. Ond roedd angen ceffylau o hyd i fynd ar deithiau byr tan ddechrau'r 1900au. Dyna pryd y daeth ceir yn lle cerbydau wedi'u tynnu gan geffylau.

Cerbyd Phaeton

Cerbyd Hansom

Ceffyl Pren

Ceffyl cyfrwy

▲ Yn y Canol Oesoedd, roedd gwŷr bonheddig a brenhinoedd yn ymfalchïo yn eu ceffylau Sbaenaidd ac Arabaidd gwych.

▲ Daeth hi'n bosibl i bawb deithio dros bellter hir pan ddaeth y goets fawr, wedi'i thynnu gan dîmau o geffylau cyflym, cryf.

Bridiau'r harnais

Ceffylau gwaith yw'r enw ar geffylau sy'n tynnu llwythi. Mae ceffylau gwedd yn enw ar y ceffylau mwyaf a chryfaf sy'n cludo pethau trwm. Mae ceffylau gwaith ysgafn yn gynt ac yn cael eu defnyddio i gludo pethau a thynnu cerbydau.

Roedd pobloedd cynnar yn defnyddio ceffylau i hela, ond wedyn cafodd ceffylau eu defnyddio'n bennaf fel anifeiliaid pwn, neu wedi'u harneisio wrth droliau neu gerbydau rhyfel. Dim ond gwŷr bonheddig a phobl bwysig oedd yn marchogaeth. Yn ystod y Canol Oesoedd y daeth marchogaeth yn gyffredin, ar ôl i sadleriaeth ddatblygu.

Wagen

Trolibws wedi'i dynnu gan geffylau

Tynnu a thynnu

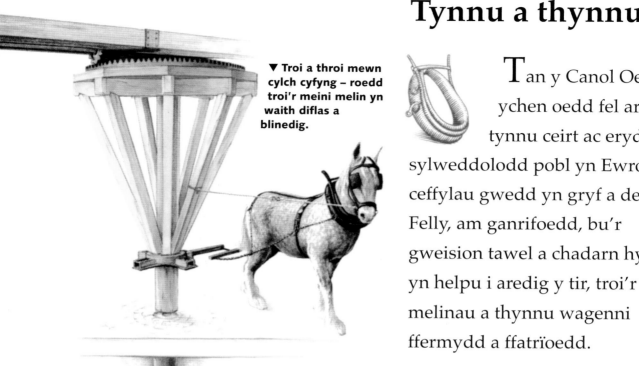

▼ Troi a throi mewn cylch cyfyng – roedd troi'r meini melin yn waith diflas a blinedig.

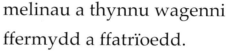

Tan y Canol Oesoedd, ychen oedd fel arfer yn tynnu ceirt ac erydr. Yna, sylweddolodd pobl yn Ewrop fod ceffylau gwedd yn gryf a deallus. Felly, am ganrifoedd, bu'r gweision tawel a chadarn hyn yn helpu i aredig y tir, troi'r melinau a thynnu wagenni ffermydd a ffatrïoedd.

Marchnerth

Mae'r gair 'marchnerth' yn ein hatgoffa heddiw am gyfraniad y ceffyl gwedd i'n byd. Uned yw marchnerth i fesur pŵer peiriant (1 marchnerth metrig = 746 wat). Dyma'r unig ffordd i werthwyr y peiriannau diwydiannol newydd eu disgrifio i'r cwsmeriaid. Dim ond ceffyl (neu farch) roedden nhw wedi'u defnyddio i wneud pob tasg erioed!

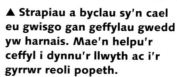

▲ Strapiau a byclau sy'n cael eu gwisgo gan geffylau gwedd yw harnais. Mae'n helpu'r ceffyl i dynnu'r llwyth ac i'r gyrrwr reoli popeth.

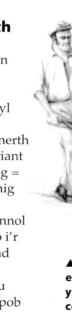

Malu blawd

Mae asynnod, mulod a cheffylau wedi cael eu defnyddio ers amser maith i droi meini melin i falu gwenith yn flawd. Yn ddiweddarach, roedd olwynion ceffyl, yn rhoi'r grym i redeg peiriannau a ffwrneisiau yn y ffatrïoedd cyntaf.

Roedd gwaith ceffylau trwm yn sail i Chwyldro Diwydiannol y 1800au. Roedd nerth ceffylau'n cael ei ddefnyddio i weithio peiriannau a chario nwyddau i longau i'w hallforio. Ond, ar ôl dyfeisio peiriannau stêm, doedd dim angen defnyddio ceffylau.

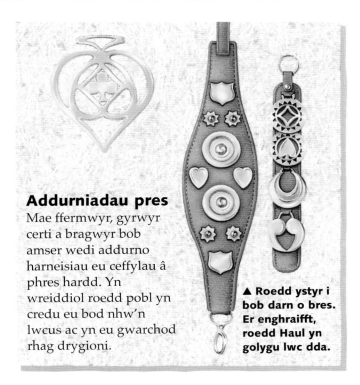

Addurniadau pres

Mae ffermwyr, gyrwyr certi a bragwyr bob amser wedi addurno harneisiau eu ceffylau â phres hardd. Yn wreiddiol roedd pobl yn credu eu bod nhw'n lwcus ac yn eu gwarchod rhag drygioni.

▲ Roedd ystyr i bob darn o bres. Er enghraifft, roedd Haul yn golygu lwc dda.

Ar y tir

Ers llawer dydd, roedd rhaid i ffermwr gael tîm o geffylau gwedd fel mae'n rhaid cael tractor heddiw. O'r 1500au, roedd eu hangen i wneud pob tasg ar y fferm, o aredig a llyfnu'r caeau i falu'r gwenith a'i gario i'r farchnad.

▲ Mae rhai ffermwyr wedi dechrau defnyddio ceffylau gwedd eto, dyma lun o fferm fach yn Swydd Efrog, Lloegr. Mae llawer o fragdai yn dal i ddefnyddio ceffylau i dynnu wagenni sy'n dosbarthu cwrw'n lleol.

▼ Roedd ceffyl tynnu cwch camlas yn gallu tynnu 30 tunnell o bwysau.

Teithio drwy dynnu

Tan i'r rheilffordd ddod, y ceffyl gwaith oedd yn cadw'r Chwyldro Diwydiannol i fynd. Roedd camlesi'n ffordd dda a rhad o symud defnyddiau crai fel glo, grawn a chotwm, i ffatrïoedd, a nwyddau newydd o'r ffatrïoedd i'r dinasoedd a'r trefi.

CEFFYLAU HEDDIW

Oes angen ceffylau heddiw, gyda'r holl geir, trenau a thractorau? Mae'n wir mai dim ond nifer fach o geffylau sy'n cael eu bridio i wneud gwaith traddodiadol. Er nad ydyn ni'n dibynnu ar geffylau erbyn heddiw, maen nhw'n dal yn rhan bwysig o'n bywydau ni, ond mewn ffyrdd gwahanol efallai. Heddiw, mae cyfle i fwynhau ceffylau a merlod, bod gyda nhw a

▲ Mae rasio dros ffensys mewn ras ffos a pherth yn profi stamina a chyflymdra'r ceffyl.

chael hwyl yn eu marchogaeth a datblygu eu talentau drwy eu hyfforddi ar gyfer pob math o chwaraeon.

▼ Mae'n debyg mai polo yw'r gêm hynaf a chyflymaf yn y byd i dîmau. Cafodd ei dyfeisio yn China dros 1,500 mlynedd yn ôl.

▶ Wrth rasio ar dir gwastad, mae jocis yn defnyddio gwartholion byr i ailddosbarthu eu pwysau ac i helpu'r ceffylau i garlamu fel y gwynt.

Helpu'r heddlu

Mae ceffylau'r heddlu'n cerdded y strydoedd mewn dinasoedd ledled y byd: Llundain, Efrog Newydd, Tokyo a Sydney.

Mae'r ceffylau tawel hyn wedi'u hyfforddi'n arbennig o drylwyr. Maen nhw'n helpu'r heddlu i weld uwchlaw'r dyrfa ac yn gallu symud yn gyflym i unrhyw gyfeiriad. Weithiau maen nhw'n gwneud gwaith gyda thraffig neu'n chwilio am bobl sydd ar goll mewn tyrfa.

Ceffylau gwaith

Mewn llawer o wledydd, mae asynnod, mulod a cheffylau'n dal i helpu eu perchnogion i deithio a gweithio, fel maen nhw wedi gnweud am filoedd o flynyddoedd.

Dros y byd i gyd, mae ceffylau'n dal i helpu gyda thasgau nad yw peiriannau'n eu gwneud cystal – tynnu cerbydau twristiaid mewn dinasoedd, casglu gwartheg ar ransh neu arwain gorymdaith fawr.

Ceffylau cowbois

Ledled y byd, mae enwau gwahanol ar ffermwyr gwartheg a'u ceffylau arbennig. Mae cowbois Gogledd America fel arfer ar gefn 'Quarter Horse', ceffyl wedi'i enwi am ennill ras dros chwarter milltir. Mae 'vaqueros' México yn gweithio ar 'mustangs' tanllyd, a 'gauchos' Ariannin ar gefn y 'Criollo'. Yn Awstralia mae'r ffermwyr gwartheg fel arfer yn defnyddio 'Walers' – ceffylau gwydn wedi'u bridio gan y bobl wyn gyntaf i fynd yno.

▼ Plismones a'i cheffyl yn Efrog Newydd

Asyn bychan

Mae asynnod a mulod yn dal i weithio'n galed mewn gwledydd fel Groeg, Sbaen a Moroco. Maen nhw'n dal eu gafael ar fynyddoedd serth ac yn gallu cadw i fynd drwy'r dydd.

◀ Bydd yr asyn hwn yn Moroco'n cario ei berchennog a sawl basged o gynnyrch i'r farchnad ac yn ôl.

▼ Mae ceffyl cyflym y gaucho'n gweithio'n reddfol, bron. Gall ddewis llo o ganol gyr o wartheg. Ar ôl i'r lasŵ ddal y llo, bydd y ceffyl yn stopio'n stond ac yn taflu ei bwysau yn erbyn y rhaff i'w gadw'n llonydd.

▼ Mae merlod yn tynnu ceir llusg gyda theithwyr, tanwydd neu fwyd mewn sawl gwlad yng ngogledd Ewrop.

Diddanu'r dorf

Mae ceffylau'n mwynhau diddanu pobl. Bydd hen geffyl sy'n cael ei ollwng yn rhydd mewn cae'n hoffi cicio a thaflu, a bydd seren y cylch mawr mewn syrcas neu arena chwaraeon wrth ei fodd yn clywed tyrfa'n curo eu dwylo. Mae ceffylau wedi diddanu pobl ers dyddiau rasys cerbydau'r Rhufeiniaid. Heddiw, maen nhw'n dal i greu argraff arnon ni wrth berfformio.

▼ Mae ceffylau Gosgordd y Frenhines yn cario pâr enfawr o ddrymiau arian solet. Mae'r drymiwr yn defnyddio awenau sy'n sownd wrth y gwartholion, ond fydd y ceffyl byth yn gwneud cam gwag.

Dal yn dynn, cowboi!

Dechreuodd *rodeos* ar ddiwedd y 1800au yng Ngogledd America. Heddiw, mae cowbois proffesiynol yn cadw sgiliau traddodiadol y rodeo'n fyw.

Ceffylau'r syrcas

Mae llai o geffylau mewn syrcas heddiw ond ar un adeg, roedd gweld cynffonnau a myngau ceffylau Liberty yn un o uchafbwyntiau'r Babell Fawr.

► Y Syrcas, gan Georges Seurat, 1891.

Gwyn eu byd

Mae ceffylau gwyn Ysgol Farchogaeth Sbaenaidd Fienna'n enwog ledled y byd. Dyma'r ysgol farchogaeth hynaf, a sefydlwyd yn y 1500au. Dim ond ceffylau Sbaenaidd a ddefnyddir. Maen nhw wedi cael eu bridio ers 400 mlynedd yn Lipizza. Mae'n cymryd blynyddoedd i hyfforddi ceffylau a marchogion Lipizza. Dim ond y mwyaf dawnus sy'n dod yn berfformwyr.

▲ Y rodeos mawr yw rhai o sioeau awyr agored mwyaf y byd. Mae'r digwyddiadau'n cynnwys marchogaeth bronco, dal lloi â rhaff, ymladd â theirw a rasio wagenni. Rhaid i'r marchog bronco geisio aros am o leiaf 8 eiliad ar gefn ceffyl sy'n taflu'n wyllt – weithiau heb gyfrwy!

Marchogion ifainc

Gellir cael digon o hwyl gyda cheffylau, beth bynnag yw eich oedran neu hyd yn oed os mai newydd ddechrau marchogaeth ydych chi. Er mwyn dysgu mwy am farchogaeth a gofalu am geffylau, gallwch fynd ar wyliau merlota, helpu yn y stablau ar ôl cael gwers neu ymuno â'r *Pony Club* (clwb byd eang i farchogion ifanc). A phan fyddwch chi'n teimlo'n ddewr, gallwch fentro cystadlu mewn sioe am y tro cyntaf.

Rownd glir

Os ydych chi a'ch ceffyl yn mwynhau neidio, mae'n debyg fod dosbarth i chi mewn sioe leol. Gall marchogion sy'n dechrau arni roi cynnig ar neidio yn y cylch lleiaf (*Minimus*),

▲ Neidio dros ffens mewn sioe.

lle mae pob rownd glir yn ennill rhosen. Mewn dosbarthiadau eraill, mae ceffylau a marchogion o'r un maint neu oedran a phrofiad yn cystadlu.

Mewn sioe

Mae rhywbeth i bawb mewn sioe. Mae ceffylau a merlod sy'n arbennig o hardd ac ufudd yn gallu cymryd rhan mewn dosbarthiadau dangos a chithau'n eu marchogaeth. Neu gallwch arwain ceffylau ifainc neu dryryw wrth awenau. Neu mae dosbarthiadau marchogaeth a chyfle i'ch ceffyl ennill gwobr hefyd!

◄ Mae cyfle i'r ceffyl a'r marchog lleiaf ennill gwobr mewn gymkhana.

Llofneidio

Rhywbeth tebyg i gymnasteg ar gefn ceffyl yw llofneidio neu *voltige*. Rhaid i un llofneidiwr neu dîm neidio a chydbwyso ar geffyl sy'n tuthian wrth benffust.

Efallai eich bod yn breuddwydio am fod yn seren neidio ceffylau neu farchog *dressage* un diwrnod. Mae'n ymddangos yn dasg amhosibl, ond cofiwch fod pob marchog enwog wedi dechrau arni drwy fynd â'u ceffyl i sioeau lleol.

I ffwrdd â chi!

Mae gemau gymkhana fel rhai o rasys mabolgampau'r ysgol. Ond, mae'r cystadleuwyr ar gefn ceffyl. Mae'r gemau'n cynnwys rasys baneri, rasys sachau, a rasio i mewn ac allan rhwng llinellau o bolion.

▼ Rhaid mynd fel y gwynt mewn rasys gymkhana.

Marchogaeth anabl

Ledled y byd, mae grwpiau marchogaeth i'r anabl yn helpu pobl a hoffai roi cynnig ar farchogaeth ceffyl. Drwy'r grwpiau hyn, gall pobl anabl gael gwersi marchogaeth a chymryd rhan mewn sioeau lleol a chystadlaethau rhyngwladol hefyd.

Cystadlu'n Rhyngwladol

Mae ceffylau sy'n cystadlu heddiw'n cael eu bridio i fod ar y brig yn eu camp. Rhaid iddynt garlamu'n gynt, neidio'n uwch neu symud yn well na'r rhai sy'n cystadlu â nhw. Mae campau marchogaeth yn wahanol i bob camp arall. Rhaid i'r ceffyl a'r marchog fod yn ddawnus a ffit. Rhaid gweithio'n galed a hyfforddi am flynyddoedd i gael partneriaeth lwyddiannus. Mae angen gwaith tîm arbennig i gyrraedd y brig.

Rasio harnais

Mae rasio harnais yn boblogaidd yn yr Unol Daleithiau ac yn Rwsia, lle mae bridiau fel *American Standardbred* a'r *Orlov Trotter* wedi cael eu datblygu'n arbennig ar gyfer y gamp.

▼ Mae rhai rasys harnais i geffylau sy'n trotian gan ddefnyddio'r parau o goesau ar yr un ochr yn hytrach na'r rhai sydd gyferbyn yn groeslinol.

▼ Mae'r cwrs traws gwlad mewn gornest tri diwrnod fel arfer yn gyffrous iawn.

Treialon Ceffylau

Mae treialon ceffylau'n profi ffitrwydd a medr y ceffyl a'r marchog. Mae tri chymal i'r cystadlu – *dressage*, traws gwlad a neidio ceffylau. Ar y lefel uchaf, mae'n digwydd dros dri diwrnod.

Neidio ceffylau

Yr un rheolau sydd i ddosbarth dechreuwyr mewn sioe leol â chystadleuaeth ryngwladol. Rhaid i'r ceffyl a'r marchog neidio dros gwrs o ffensys lliwgar heb godi pwyntiau cosb drwy fwrw ffens i'r llawr neu wrthod neidio. Mae marchogion sydd â'r un nifer o bwyntiau cosb yn mynd eto, weithiau yn erbyn y cloc, i benderfynu ar yr enillydd.

Dressage

Mae *dressage* yn golygu hyfforddi. Y nod yw dangos y ceffyl a'r marchog mewn cytgord. Bydd pob pâr yn perfformio set o ymarferion a'r beirniaid yn rhoi marciau allan o ddeg.

▲ Mewn rasys dycnwch, rhaid marchogaeth hyd at 150 km mewn diwrnod neu ddau, dros dir anodd hefyd. Weithiau rhaid i'r marchogion ddod oddi ar eu ceffylau i roi egwyl iddyn nhw. Mae'n rhaid i'r ceffylau basio profion gan filfeddyg.

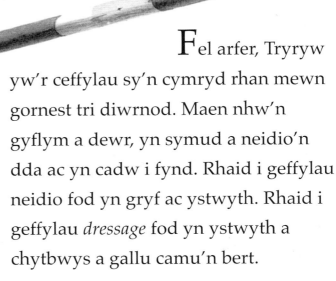

Fel arfer, Tryryw yw'r ceffylau sy'n cymryd rhan mewn gornest tri diwrnod. Maen nhw'n gyflym a dewr, yn symud a neidio'n dda ac yn cadw i fynd. Rhaid i geffylau neidio fod yn gryf ac ystwyth. Rhaid i geffylau *dressage* fod yn ystwyth a chytbwys a gallu camu'n bert.

Bridiau ceffylau

Heddiw, mae hyd at 200 o fridiau ceffylau a merlod wedi'u cofnodi. Bridiau yw grwpiau o geffylau sydd wedi'u bridio i gael nodweddion arbennig fel lliw, symudiad a chydffurfiad. Mae'r nodweddion hyn wedi'u cofnodi'n eglur, weithiau gan gymdeithas brid sy'n cadw rhestr arbennig, neu mewn Llyfr Bridio ceffylau sy'n perthyn i'r brid hwnnw.

Ceffylau lliw

Mae ceffylau o rai lliwiau arbennig yn fridiau yn yr Unol Daleithiau, er mai mathau ydyn nhw yng ngweddill y byd (gweler 'mathau o geffylau').

ENW	UCHDER	LLIW
1 Appaloosa	14-15.2 d	Smotiau unigryw i bob ceffyl; mae'r patrymau sylfaenol yn cael eu hadnabod fel blanced, marmor, llewpart a phlu eira
2 Palomino	amrywio	Euraid gyda mwng a chynffon golau
3 Pinto	14-15.2 d	Darnau gwyn a du neu frown amrywiol

Mathau o geffylau

Yn ogystal â bridiau, mae mathau hefyd. Mae ceffylau o wahanol fridiau'n cael eu croesi i gael ceffyl neu ferlen sy'n addas at ddiben arbennig. Yr enwocaf yw'r cob, yr Hacni, ceffyl hela, ceffyl polo a'r ferlen farchogaeth. Fel arfer, croes rhwng ceffylau Tryryw a bridiau eraill, fel Criollo Ariannin, yw merlod polo. Er eu bod nhw fel arfer dros 14.2 dyrnfedd, maen nhw'n cael eu galw'n ferlod. Mae merlod marchogaeth yn addas i farchogion ifainc. Maen nhw fel arfer wedi'u bridio o geffylau Tryryw neu Arab a cheffylau brodorol.

◄ **Ceffyl marchogaeth**

Merlod

Merlod yw'r enw ar bob ceffyl o dan 14.2 d. Mae'r bridiau o ferlod yn gryf ac yn camu'n fân. Fel arfer mae merlod yn chwim eu meddwl ac yn llawn cymeriad.

ENW	UCHDER	LLIW
4 Exmoor	11.2 – 12.2d	Gwinau, brown, lliw llaeth a chwrw
5 Merlod MynyddCymreig	Hyd at 13.2 d	Unrhyw liw solet
6 Ucheldir yr Alban	12.2-14.2 d	Fel arfer yn llwyd, lliw llaeth a chwrw, brown neu ddu; weithiau'n winau neu felyn
7 Dales	13.2-14.2 d	Du neu frown yn bennaf
8 New Forest	12-14 d	Unrhyw liw solet
9 Conamara	13.14.2 d	Llwyd yn bennaf, hefyd gwinau, brown, du neu liw llaeth a chwrw
10 Fjord	13-14.2 d	Lliw llaeth a chwrw golau
11 Fell	13-14 d	Gwinau, brown, du neu lwyd
12 Dartmoor	Hyd at 12.2 d	Unrhyw liw solet
13 Haflinger	13-14.2 d	Palomino neu felyn gyda mwng a chynffon golau
14 Shetland	Hyd at 42 mod	Unrhyw liw
15 Merlod	Hyd at 14.2 d	Unrhyw liw

Ceffylau bach

Mae rhai bridiau o ferlod bach â nodweddion sydd gan geffylau fel arfer, ond yn llawer llai o faint.

ENW	UCHDER	LLIW
16 Gwlad yr Iâ	12-14 d	Unrhyw liw
17 Falabella	Hyd at 34 mod	Unrhyw liw
18 Caspian	10-12.1 d	Gwinau, melyn neu lwyd

Ceffylau trwm

Erbyn heddiw, mae ceffylau trwm i'w gweld yn arddangos neu mewn sioeau ac nid yn gweithio.

ENW	UCHDER	LLIW
19 Shire	16-18 d	Gwinau, du, brown, melyn neu lwyd
20 Suffolk Punch	15.3-16.1 d	Melyn bob amser
21 Ardennais	15-16 d	Gwinau neu frogau/froc fel arfer
22 Clydesdale	16-17 d	Gwinau, brown neu ddu gyda choesau ac wyneb gwyn
23 Percheron	14.3-16 d (Postier) Neu 16-17.3 d	Fel arfer yn llwyd, hefyd du a broc

Ceffylau ysgafn

Mae ceffylau ysgafn naill ai'n geffylau gwaed poeth neu waed twym. Mae'r Arab a'r Tryryw yn geffylau gwaed poeth. Mae bridiau gwaed poeth yn dod o groesi ceffylau gwaed poeth â rhai gwaed twym.

ENW	UCHDER	LLIW
24 Arab	14-15 d	Llwyd, gwinau, melyn neu ddu
25 Lipizzaner	15.16.1 d	Llwyd fel arfer, weithiau'n winau
26 Tryryw	14.2-17 d	Lliwiau solet
27 Cleveland Bay	16-16.2 d	Gwinau neu frown
28 Barb	14-15 d	Gwinau, brown, du, melyn neu lwyd
29 Andalucia	15.1-15.3 d	Llwyd fel arfer, hefyd gwinau, du, melyn neu froc
30 Hac	14-15.3d (ceffyl) O dan 14 d (merlen)	Gwinau, brown, melyn, du
31 Selle Français	15-17 d	Melyn, gwinau neu frown fel arfer
32 Waler	14.2-16 d	Unrhyw liw solet
33 Quarter Horse	14.1-16 d	Y rhan fwyaf o liwiau
34 Akhal-Teke	14.2-15.2 d	Gwinau, llwyd, du neu felyn gydag arlliw fetelig
35 Saddlebred	15-16 d	Gwinau, du, llwyd neu felyn
36 Morgan	14-15.2 d	Gwinau, du neu felyn
37 Standardbred	14-16.1 d	Gwinau, brown, du neu felyn
38 Trakehner	16-16.2 d	Unrhyw liw solet

Geirfa

Adfarch
Ceffyl gwrywaidd sydd wedi'i sbaddu.

Asgwrn
Y mesur o gwmpas coes ceffyl. Mae'n cael ei gymryd ychydig o dan y pen-glîn. Po fwyaf yw'r asgwrn, mwyaf o bwysau y gall y ceffyl eu cario.

Awenau
Y strapiau hir sy'n sownd wrth yr enfa (bit). Mae'r marchog yn eu defnyddio i reoli'r ceffyl.

Awenau dwbl
Awen â dwy enfa; mae'n cael ei ddefnyddio gyda cheffylau sydd wedi'u hyfforddi'n dda ar gyfer *dressage* ac ati.

Bacsen/Bacsiau
Blew hir sy'n tyfu ar waelod y coesau, yn enwedig mewn ceffylau trwm fel ceffylau gwedd.

Bit/Genfa
Y rhan o'r ffrwyn sy'n mynd i geg y ceffyl i roi mwy o reolaeth i'r marchog.

Brwsio
Math o symudiad gwael, lle mae gwaelod y coesau'n symud mor agos fel eu bod nhw'n bwrw yn erbyn ei gilydd.

Bywyn
Darn siâp V fel rwber yng nghanol y gwadn, o dan y carn.

CASEG AC EBOL

Caseg
Ceffyl benywaidd, mam yr ebol.

Caseg fagu
Caseg sy'n cael ei chadw i fagu ebolion yn unig.

Cebyst
Darnau sy'n mynd am ben y ceffyl, weithiau o raff, i'w arwain neu ei glymu wrth rywbeth.

Cengl
Strap llydan sy'n mynd o gwmpas bol y ceffyl i gadw'r cyfrwy yn ei le.

Cengl ffrwyn
Strap am y gwddf wedi'i roi rhwng y coesau blaen i'r gengl a hefyd i'r awenau a'r trwynffrwyn i roi mwy o reolaeth i'r marchog.

Clip
Rhan o bedol sy'n plygu dros ymyl y droed i helpu i gadw'r bedol yn ei lle.

Clipio
Torri côt y gaeaf i rwystro ceffyl rhag chwysu gormod pan fydd yn gweithio.

Coes flaen
Y goes sy'n ymestyn fwyaf wrth hanner carlamu

Colic
Bola tost / poen bol ceffylau. Bwydo gwael yw'r rheswm amdano fel arfer

Crwper
Strap llydan sy'n cael ei roi wrth gefn y cyfrwy ac yn mynd o gwmpas cynffon y ceffyl, i atal y cyfrwy rhag llithro 'nôl yn rhy bell.

Cudyn
Y rhan o'r mwng sy'n cwympo ymlaen rhwng y clustiau.

FFRWYN — Penwar — Band talcen — Awenau — Carrai gên — Bochddarn — Trwynffrwyn — Bit / Genfa

Cydffurfiad
Siâp y ceffyl, neu'r ffordd mae rhannau'r ceffyl wedi'u rhoi at ei gilydd.

Cyfrwy
Y 'sedd' mae'r marchog yn eistedd arno wrth fynd ar gefn y ceffyl.

Dannedd
Mae cyflwr dannedd ceffyl yn dangos beth yw ei oedran. Os yw'r dannedd wedi'u treulio, mae'r ceffyl yn hen.

Dressage
Camp arbennig ym myd ceffylau lle maen nhw'n cael eu hyfforddi i fod yn ufudd iawn i'w marchogion a pherfformio set o symudiadau arbennig.

Dyrnfedd/llaw
Yr uned sy'n cael ei defnyddio i fesur uchder ceffyl. Mae un dyrnfedd/un llaw tua 10cm (4 mod).

Ebol
Ceffyl sydd newydd ei eni, hefyd, ceffyl o dan bedair oed. Gall ebol gerdded ar ei goesau hir o fewn munudau iddo gael ei eni.

Mae gen i ebol melyn
Yn codi'n bedair oed,
A phedair pedol arian
O dan ei bedwar troed;
Fe neidia ac fe brancia
O dan y feinir wen,
Fe reda ugain milltir
Heb dynnu'r ffrwyn o'i ben.

Eboles
Caseg sydd newydd ei geni, hefyd, caseg o dan bedair oed.

Egwyd
Y rhan o'r goes uwchben y carn.

Ergot
Lwmpyn caled ar gymal egwyd ceffyl.

Flehmen
Gair i ddisgrifio sut mae ceffylau a
merlod yn codi eu gwefusau wrth
arogli neu flasu rhywbeth
diddorol, neu os oes gan farch /
stalwyn ddiddordeb mewn caseg.

Genfa/Bit
Y rhan o'r ffrwyn sy'n mynd i geg
y ceffyl i roi mwy o reolaeth i'r
marchog.

Gwartholion
Pâr o ddolennau metel sy'n
hongian i lawr bob ochr i'r
cyfrwy. Dyma lle mae'r marchog
yn gorffwys ei draed.

Gymkhana
Sioe fach gyda gemau a rasys i
ferlod a'u marchogion.

Hackamore
Math o ffrwyn heb enfa / bit.

Hacni
Ceffyl neu ferlyn sydd wedi'i
hyfforddi i godi'i goesau'n uchel
wrth drotian mewn rasys gan
dynnu cerbyd ysgafn.

Harneisiau
Yr holl ddarnau o sadleriaeth
sydd eu hangen
er mwyn
marchogaeth.

Laminitis
Clefyd
poenus
sy'n
gwneud i
draed
ceffylau fod yn
dyner iawn –
fel arfer gorfwyta
sy'n gyfrifol amdano.

COLER PEN

Llaw/dyrnfedd
Yr uned sy'n cael ei defnyddio i
fesur uchder ceffyl. Mae un
llaw / un dyrnfedd tua 10cm (4
mod).

Llofft stabl
Roedd gweision ffermydd yn
arfer cysgu yn y llofft stabl,

uwchben y ceffylau.
Cyn bod beics
a cheir, roedd
y gweision yn
creu eu
hadloniant eu
hunain yn y
llofft stabl drwy
ganu caneuon
gwerin, adrodd
storïau ysbryd
ac ati.

Llorio
Pan mae ceffyl yn
gorwedd ac yn
methu codi ar ei draed.

Llwytho
Rhoi ceffyl neu ferlen mewn fan
geffylau neu drelar.

Manège
Marchgae caeëdig ac iddo
arwyneb pwrpasol sydd yn addas
i'w ddefnyddio ar gyfer marchog-
aeth unrhyw adeg o'r flwyddyn
mewn unrhyw dywydd.

March
Ceffyl gwrywaidd, tad yr ebol.

Merlyn / Merlen
Ceffyl o dan 14.2 llaw / dyrnfedd.

Mwng cwta
Pan fydd y mwng wedi'i eillio i
ffwrdd. Os oes gwddf byr, llydan
a mwng garw gan y ceffyl, mae
eillio'r mwng yn gwneud iddo
edrych yn well.

Mwng talcen
Y rhan o'r mwng sy'n cwympo
ymlaen rhwng y clustiau.

Numnah
Pad cotwm neu gnu sy'n cael ei
roi o dan y cyfrwy i amsugno'r
chwys a lleihau'r pwysau ar gefn
y ceffyl.

Pen blaen
Y rhan o'r ceffyl sydd o flaen y
cyfrwy.

Penffust
Awen hir sy'n cael ei rhoi wrth
gebyst arbennig. Mae'r hyfforddwr

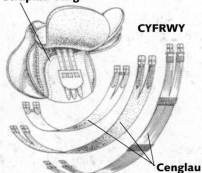

CARTHENNI

Carthen
ddydd

Carthen nos

Blanced
ceffylau

yn gwneud i'r ceffyl
fynd o gwmpas mewn
cylch, gan ddefnyddio
chwip i'w gadw i
fynd yn ei flaen..

Rhastl
Lle mae gwair yn cael
ei roi i geffyl ei fwyta
mewn stabl.

Rownd glir
Cwblhau cwrs o
rwystrau heb gael
unrhyw bwyntiau cosb.

Stâl rydd
Stabl unigol lle mae
ceffyl yn cael ei
gadw'n rhydd heb ei
glymu.

Stalwyn
Ceffyl gwrywaidd, tad yr ebol.

Tac
Yr holl ddarnau o sadleriaeth sydd
eu hangen er mwyn marchogaeth.

Topyn
Y rhan o'r mwng sy'n cwympo
ymlaen rhwng y clustiau.

Tryryw
Y ceffyl Prydeinig mwyaf
adnabyddus, a'r cyflymaf yn y byd,
gall redeg tua 40 milltir (64
cilometr) yr awr.

Us
Gwellt, neu gymysgedd o wair a
gwellt, wedi'u torri'n fân a'u
hychwanegu at y bwyd i roi mwy o
ffibr.

Strapiau cengl

CYFRWY

Cenglau

Mynegai

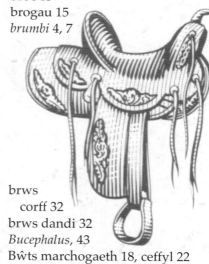

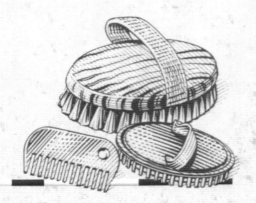

Cydnabyddiaeth

Hoffai'r addasydd ddiolch i Mrs Bethan Jones, Cefngwrthafan, Pennant; Mr William Rowlands, Felinfach a Mr Defi John Jones, Frongoy, Pennant, am eu cymorth.

Dymuna'r cyhoeddwyr ddiolch i'r arlunwyr canlynol am eu cyfraniad i'r llyfr hwn:

John Butler 6-7; **Peter Dennis** (Linda Rogers Associates) 38-43, 44-45*g*, 48-49, 52-53; **Angelika Elsbach** 30*gch*; **Lindsay Graham** (Linden Artists) 10-11, 22*gch*, 23, 32-33, 3-37, 56-57; **Ian Jackson** 8-9, 13-15, 34*ch*, 35*tch*, 50-51, 54-55; **Eddy Krähenbühl** 16-17; Ruth Lindsay 17*dd*, 32*g*, 27*gdd*, 30*c*, 34-35*gc*, 35*gch*; **Nicki Palin** 18-19, 26-31, 44-45*g*; **Eric Robson** (Garden Studios) 4-5, 24-25; **Eric Rowe** (Linden Artists) 12-13; Richard Ward 5*r*, 6*gch*, 19*tdd*, 20*gch*, 22*tdd*, 27*c*, 30*t*, 32*tch*, 33*gdd*, 37*t*; **Wendy Webb** 20*tch* & *gdd*, 21*t*; **Steve Weston** (Linden Artists) 11*dd*; **Andrew Wheatcroft** (Virgil Pomfret Agency) 58-59; **Dan Wright** 46-47.

Dyluniwyd gan Peter Cornwell a Julia Baker.

Diolch hefyd i'r canlynol am ddarparu deunydd ffotograffig ar gyfer y llyfr hwn:

Tudalen 11 Robert Harding Picture Library
14 The Granger Collection, Efrog Newydd
24 ZEFA
36 Robert Harding Picture Library
39 & 42 Michael Holford
43 Bridgeman Art Library / Library of Congress
45 Bibliothéque Nationale
48 Kit Houghton
51 ZEFA / Damm
54 Robert Harding Picture Library
55 & 57 Kit Houghton